야생력

경계로부터의 자유

야생력

© 김익철, 2011

1판 1쇄 인쇄 ‖ 2011년 07월 15일
1판 1쇄 발행 ‖ 2011년 07월 25일

지은이 ‖ 김익철
일러스트 ‖ 강성남

펴낸이 ‖ 홍정표
이　사 ‖ 양정섭
책임편집 ‖ 주재명
디자인 ‖ 김미미
기획·마케팅 ‖ 장진영 노경민 김현아
경영지원 ‖ 최정임

펴낸곳 ‖ 세림출판
등　록 ‖ 제6-792호

공급처 ‖ (주)글로벌콘텐츠출판그룹
주　소 ‖ 서울특별시 강동구 길동 349-6 정일빌딩 401호
전　화 ‖ 02-488-3280
팩　스 ‖ 02-488-3281
홈페이지 ‖ www.gcbook.co.kr
이메일 ‖ edit@gcbook.co.kr
트위터 ‖ @GlobalContents

값 11,200원
ISBN 978-89-92576-38-3 13320

·이 책의 CIP 제어번호는 2011002396입니다.
·이 책은 본사와 저자의 허락 없이는 내용의 일부 또는 전체를 무단 전재나 복제, 광전자 매체 수록 등을 금합니다.
·잘못된 책은 구입처에서 바꾸어 드립니다.

POWER OF THE
WILD

야생력
경계로부터의 자유

김익철 지음

세림출판

contents

1부 변화의 숲

01 울타리 안의 삶 •9
02 모호한 삶의 시간 •16
03 먼지 쌓인 내 안의 푸른 DNA •23
04 변화를 위한 몸 만들기 •31

2부 야생의 숲

05 경계로부터의 자유 •53
06 숲의 변화 •59
07 성공을 갉아 먹는 게으름 •65
08 관계의 숲 •76
09 변화하는 환경 •86
10 홀로 선 자들의 숲 •103

3부 깨달음의 숲

01 나를 둘러싼 환경을 분석하라! •119

02 나의 정체성에 질문의 불을 지펴라! •122

03 나의 가능성을 발견하고 확신하라! •126

04 잡다한 스펙을 버리고 나만의 차별적 핵심역량을 개발하라! •130

05 내 자리에서 영역이 자유로운 전문가가 되라! •137

06 지속적으로 세상을 통찰하고 준비하라! •141

07 내 안의 질서를 관리하라! •144

08 정보와 관계의 인프라를 지속적으로 만들어라! •148

09 환경의 변화를 긍정하고 수용하라! •152

10 내 안에서 꿈꾸고 내 안에서 실현하라! •156

나의 독립 생존력 진단 •160

에필로그 •163

마침의 글 •164

추천사 •167

1부 변화의 숲

01 울타리 안의 삶
02 모호한 삶의 시간
03 먼지 쌓인 내 안의 푸른 DNA
04 변화를 위한 몸 만들기

01

울타리 안의 삶

달빛이 온 산야를 비추고 있는 3월의 깊은 밤. 강을 감싸 안은 채 줄기를 뻗어 나간 금수산의 여기저기 속살처럼 삐져나온 바위들이 달빛에 반사되어 그 이름만큼이나 아름다운 풍광을 만들고 있다.

아직은 봄보다는 겨울에 가까운 날씨. 바람만이 스쳐가는 골짜기 여기저기에서 잔설들이 바위와 더불어 달빛을 반사한다.

그 골짜기 아래쪽에서 달빛을 머금은 적막과 어울리지

않는 환한 불빛이 새어 나온다. 이따금 소란스런 소리가 들려오는 가로로 제법 큰 그 건물은 민가를 피하여 금수산 자락에 자리 잡은 돼지농장이었다.

그 사육동 중에서도 산 쪽에 위치한 돈사에서 시커먼 물체가 가끔 씩씩대며 밖을 응시하고 있는 것이 눈에 들어온다. 날카로운 눈빛의 그 돼지는 뻣뻣한 털과 투박한 용모로 동료 돼지들에게 바우라 불렸다.

바우는 돈사 밖으로 보이는 금수산을 코를 연신 벌름거리며 뚫어지게 바라보고 있었다.

바우가 밤마다 숲에 집중하기 시작한 것은 지난 가을, 금수산에 단풍이 들 무렵부터였다. 참나무와 소나무가 섞인 잡목 숲을 타고 불어오는 바람에 낯선 듯하면서도 친숙한 내음이 실려왔다. 농장의 소란이 잠잠해지는 깊은 밤이면 범골 골짜기를 타고 흘러오는 그 친숙한 내음에 바우의 가슴은 이유도 모른 채 두근두근했다.

오늘도 바우는 내음이 실려오는 금수산의 범골을 응시하고 있었다. 또다시 그 내음이 한바탕 밀고 내려와 바우를 휘돌아치자 바우의 콧등엔 땀이 방울방울 맺히기 시작했다.

 바우가 이곳 돼지농장에서 생활하기 시작한 것은 심한 태풍으로 인하여 전국이 물난리를 겪었던 지난여름부터였다. 계곡의 산사태로 밀려온 토사 때문에 농장이 소란스럽던 그 여름날의 아침, 무너진 돈사를 빠져나와 여기저기 뛰어다니는 돼지들 사이로, 다람쥐 무늬를 띤 낯선 새끼돼지 한 마리가 비에 흠뻑 젖은 채 비틀거리며 헤매고 다니는 것을 농장주가 발견했다. 산사태로 숲에서 길을 잃고 떠내려 온 멧돼지 새끼로 생각한 주인은 그 어린 돼지를 일반 돈사에 집어넣고 키우기 시작했는데, 그 돼지가 바로 바우다.

 처음에는 다람쥐 무늬 같이 흰점이 있어서 또래의 새끼돼지들이 그를 바둑이라고 놀렸다. 1년여가 지나자 줄무늬는 사라지고 붉은 기운이 비치는 거친 털에 돈사의 다른 돼지와는 다른, 바위 같은 체형으로 성장했다. 이런 그의 변화를 보고 돈사의 돼지들은 그를 바우라고 부르기 시작했다.

 이곳의 생활은 매일매일 먹고 자기만 하는 단조롭고 반복적인 시간의 연속이었다. 바우도 흰빛의 햄프셔 계열 돼지들과 다름없었다. 생존에 필요한 야성을 배우기도 전에 이곳의 반복적인 삶에 익숙해진 바우는 점점 무기력에 길들여지고 있었다.

그런 생활 속에서 바우를 힘들게 하는 유일한 것은 이 돈사의 우두머리 행세를 하는 먹통이란 돼지의 괴롭힘과 따돌림이었다.

지난 봄, 한 무리의 식구들이 어디론가 실려간 후, 새로 들어온 어린 새끼돼지 사이에서 항상 대장으로 군림하고 있는 먹통대장은 가끔씩 주인에 의하여 밖에 나갔다가 들어오곤 하는 일만 반복하는 종돈(씨돼지)이었다. 주인의 사랑을 받는데다가 체격이 크다 보니 먹통은 안하무인으로 행동하며 사육동을 종종 공포로 몰아넣곤 했다.

먹통은 바우의 내력을 알고 있었다. 어느 날 밤 농장주인이 자기들의 돈사에 놓고 간 바우가 자기들과는 다른 종족임을 먹통은 알고 있었던 것이다.

언젠가 바우가 성장하면 자신이 누리던 안정적 지위를 위협할 것이라 생각한 먹통은 그를 지속적으로 괴롭히고 무리에서 따돌렸다.

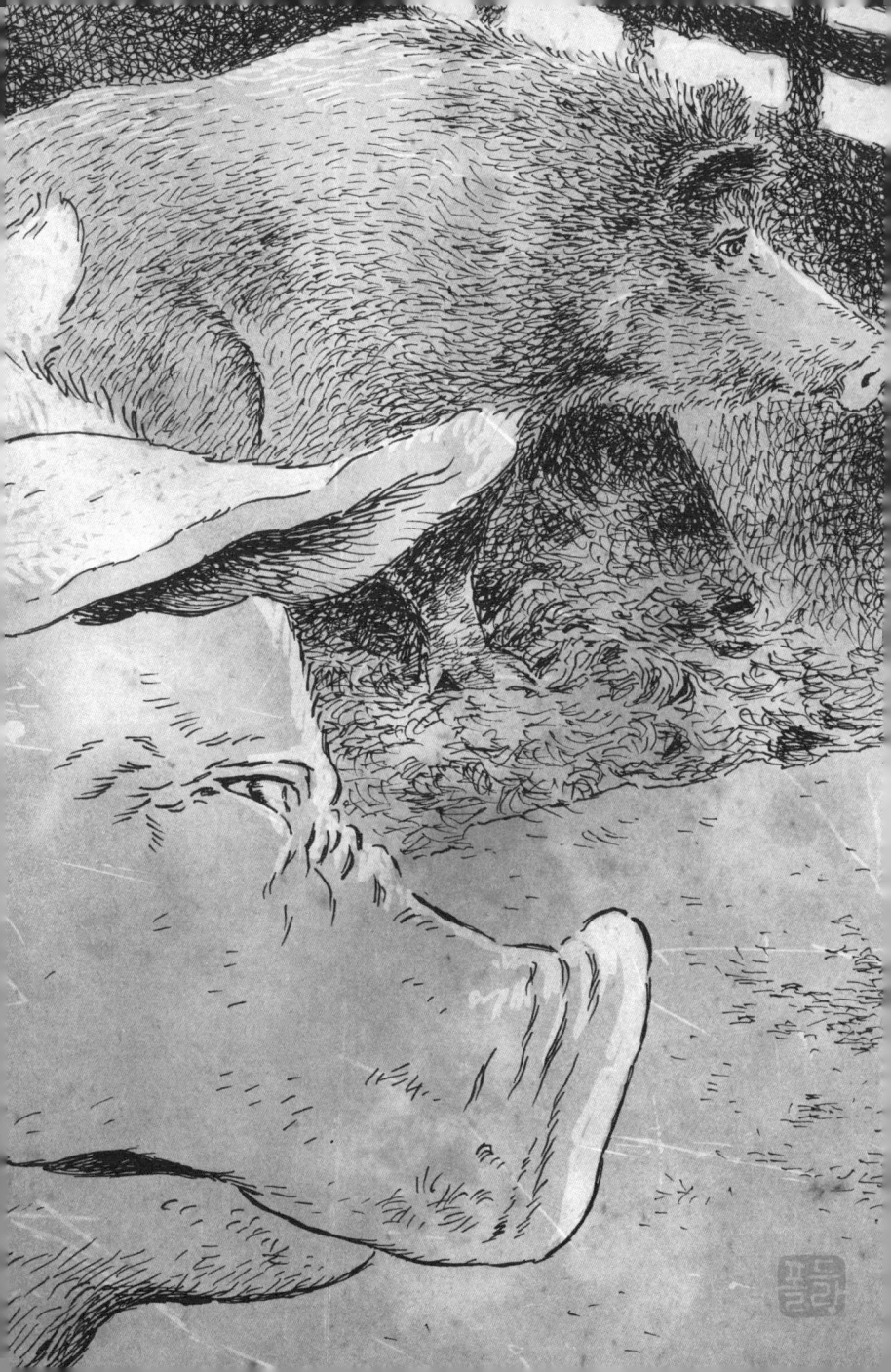

그런 힘들고 불편한 상황 속에서도 시간은 흘러갔다. 늦가을로 들어설 무렵, 바우의 외모는 다른 돼지들과는 확연히 구별되는 보다 강인한 모습으로 성장했다. 양 입가에 날카로운 송곳니가 돋아나자 동료 돼지들도 예전과 달리 그를 조심스럽게 대했다.

가끔씩 농장주인이 아닌 낯선 사람들이 바우를 보러 왔지만 그들은 알 수 없는 표정을 지으며 고개만 설레설레 흔들고 돌아갔다. 그럴 때마다 주인은 매우 실망한 표정을 지으며 돈사를 나서곤 했다.

먹통대장도 요즘은 바우에게 직접적인 해코지를 하지는 않았다. 그러나 그것은 일시적인 현상일 뿐, 호시탐탐 결정적인 순간을 노리고 있었다.

바우의 신체적 변화로 잠시 평화로운 시간이 이어졌지만, 바우의 마음은 오히려 혼란스러웠다.

"왜 나는 다른 돼지처럼 하얀 피부가 아닐까? 내 주둥이는 왜 불필요하게 앞으로 튀어 나왔을까? 양 입가에 자라는 이 추한 이빨은 또 뭐람?"

요즘 들어 바우는 스스로에게 질문하는 횟수가 늘었다. 자신의 정체성에 대한 의문이 생긴 것이다. 때로는 먹는 것조차 잊고 물통에 비친 자신의 모습을 보고, 슬픈 눈으로 금수산을 바라보기도 했다.

그런 그에게 유일한 위안이 되는 친구는 비슷한 또래의 큰발이란 이름의 돼지였다. 주인이 돈사를 청소하는 동안 잠시 주어지는 운동장 방목시간에 대부분의 돼지들은 주인이 뿌려주는 유인용 먹이에만 집중한다. 하지만 큰발은 먹이보다는 운동장을 탐색하며 여기저기를 기웃거리는 독특한 면이 있었다. 남다른 개성 탓에 무리에서 이단시 되는 경우가 빈번했고, 그로 인한 소외는 바우와 동병상련의 유대를 만들어주는 끈이 되었다. 여러 차례에 걸쳐 많은 돼지들이 어디론가 실려간 뒤에도 먹통대장과 더불어 유일하게 남아 있던 돼지도 큰발이었다.

큰발은 오늘도 잠을 자지 않고 멍하니 숲만 응시하고 있는 바우를 지켜보다 안타까운 듯 말을 건넸다.

"바우야, 그만 자자. 밤이 깊었어…."

바우는 그제야 비로소 잠자리에 들었다. 다리를 뻗고 얼굴을 내린 채 잠을 청했지만, 범골 골짜기에서 흘러 내려오는 내음 때문에 잠을 이루진 못했다.

02
모호한 삶의 시간

바우가 잠을 못 이루고 이리저리 몸을 뒤척이고 있는데, 어둠을 뚫고 저 멀리서 시커먼 물체가 걸어오는 것이 보였다. 눈가에서는 빛이 뚝뚝 떨어지고, 어스름 달빛에 비친 털에서는 윤기가 흐르는, 긴장과 위엄을 발산하는 형상이었다.

갑자기 출현한 그 물체에 놀라 일어난 바우는 떨리는 마음을 가다듬으며 그것을 향해 물었다.

"누구세요?"

검은 형상은 말이 없었다. 다시 재차 물었다.

"거기 누구세요?"

갑자기 그것이 돈사의 울타리를 펄쩍 뛰어서 넘더니 바우에게 다가왔다. 그리고는 붉게 타오르는 눈을 바우의 눈앞에 들이밀었다.

바우는 비명을 지르며 기겁을 한 채 뒤로 물러섰다.

"으악!"

다행히도 꿈이었다.

그 꿈에서 깨어난 건 먹통대장이 늦잠을 자는 바우의 몸통을 주둥이로 냅다 후려친 후였다.

"생긴 것도 이상한 놈이 건방지게 늦잠까지 자냐!"

그러나 먹통의 심술 가득한 소리도 오늘 아침에는 전혀 귀에 들어오지 않았다.

꿈속의 그 당당하고 부리부리한 눈에 대한 기억이 종일 바우의 앞에서 어른거렸다.

오늘도 주인은 해가 뜨자 정확한 시각에 돈사로 들어와 사료를 주고는 사라졌다. 맛있는 사료를 주는 주인의 문 여는 소리가 들리면 돼지들은 깊은 경외심을 담은 눈으로 주인을 향하여 일제히 꿀꿀대기 시작한다. 농장의 돼지들은 그런 반복적 생활에 만족하고 있었다. 아니, 만족한다기보다는 모든 판단이 마비된 채 삶의 관성에 익숙해져 있었다.

몇 달에 한 번씩 낯선 냄새를 풍기는 차량들이 요란스런 소리를 내며 농장에 들이닥치고, 낯선 사내들이 주인이 지켜보는 가운데 꽤 많은 수의 돼지들을 차에 싣고 사라지는 일 이외에는 모든 것이 평안함 그 자체였다.

아무도 그들이 어디로 가는지 몰랐다. 단지 다른 곳으로 이사를 가는 줄만 알았다.

심지어 어떤 돼지는 주인이 호스로 물을 끼얹어 주고 사료도 더 많이, 듬뿍 주는 그 소란한 아침을 기다리기도 했다. 시원한 샤워를 하고 사료를 듬뿍 먹은 채 신기한 자동차를 타고 떠나는 그 시간을 설렘을 안은 채 기다리는 것이었다.

어디론가 실려간 돼지들을 선망하는 들뜬 설렘과 떠나간 자에 대한 의문은 사료를 가득 실은 점심 수레 소리가 들려오면 깨끗이 사라지곤 했다.

또다시 저녁이 찾아오고 바우는 범골에서 흘러내려 오는 내음에 정신을 빼앗긴 채 그곳만 바라보기 시작했다.

돈사에 불이 꺼지고 모든 것이 침묵 속에 빠진 시간. 검은 물체 하나가 산 쪽에서 돈사로 움직여 오는 것이 눈에 띄었다. 바우는 어젯밤의 꿈이 생각나 고개를 마구 흔들어 보았다. 하지만 꿈이 아니었다. 바우는 귀를 세운 채 그 물체를 응시했다. 운동장의 울타리를 단번에 뛰어넘은 그것은 바우가 있는 돈사로 천천히 걸어오고 있었다. 지금까지 보지 못한 커다란 물체였다. 어젯밤 꿈속에서 보았던 바로 그 큰 물체와 같은 형상이었다. 크기는 바우의 두 배쯤 되고 그림자는 돈사의 앞마당을 가득 채울 듯했다. 숨을 죽인 채 바우는 그 물체를 응시했다. 긴장이 바우의 심장을 조여왔다.

구름 속에 숨었던 달이 나오자 그 검은 물체의 등이 달빛을 받아 빛났다. 너무도 위협적이고 당당한 형상이었다. 돈사의 울타리 앞에 이르자 그 물체는 움직임을 멈춘 채 가만히 바우를 바라보기 시작했다.

그의 눈과 바우의 눈이 정면에서 마주쳤다. 바우는 긴장을 숨긴 채 숨을 고르며 물었다.

"당신은 누구십니까?"

"……."

잠시 반응이 없던 그가 입을 열었다.

"나는 너와 같은 종족이다."

"저와 같은 종족이라구요?"

"그래. 내 이름은 큰그림자다."

바우에게는 너무도 큰 충격이었다.

지금까지 자신은 이곳의 집돼지들보다 조금 못생기고, 조금 독특한 돼지로만 생각하고 지내왔는데, 자신과 같은 종족이라 말하는 이 압도적인 물체를 마주하자 모든 것이 혼란스럽고, 당혹스럽기까지 했다.

"그런데 당신은 왜 집도 없이 밖에서 헤매고 있나요?"

"나는 헤매고 있는 것이 아니다. 저 밖이 나의 집이다."

순간 바우는 긴장도 잊은 채 실소를 터트리고 말았다.

"저 밖이 당신네 집이라고요? 울타리도 없는 저기가? 하하하."

갑작스런 웃음소리에 다른 돼지들이 깨어나기 시작했다.

그 순간 큰그림자는 훌쩍 울타리를 뛰어넘더니 운동장을 가로질러 산으로 발걸음을 돌렸다. 잠시 멈춰선 큰그림자가 바우를 향해 말했다.

"잊지 말아라. 이곳이 너의 세상이고 너의 집이란다."

이해할 수 없는 말만 남긴 채 큰그림자는 어둠 속으로 완전히 사라지고 말았다.

금수산의 봄바람이 한바탕 불었다. 그곳에는 우두커니 밖을 바라보고 서있는 바우와 상황을 모르는 집돼지들의 짜증 섞인 표정만이 남아 있었다. 축사의 돼지들은 바우를 향하여 불평의 소리를 하더니 이내 곤한 잠에 빠져들었다.

바우는 혼란스러워 밤새 잠을 이룰 수가 없었다. 자신과 같은 종족이라고 하는 그 거대한 체구의 큰그림자의 출현도 그랬고, 저 밖이 자신의 집이라는 말도 이해가 되지 않았다.

'어떻게 울타리가 없는 저곳이 나의 집이란 말이지? 집이란 울타리가 있어야 하는 것 아닌가?'

03

먼지 쌓인 내 안의 푸른 DNA

다음날 저녁에도 큰그림자는 어둠을 뚫고 범골에서 내려왔다.

3월 말이었지만 이곳 금수산 자락엔 아직도 겨울이 한 자리를 차지하고 있었다. 골짜기 잔설 위로 추위를 머금은 바람이 한바탕 부는가 싶더니, 어느 사이엔가 큰그림자는 바우가 머물고 있는 돈사의 울타리 앞에 서 있었다.

오늘은 종족의 역사에 대한 이야기를 바우에게 풀어놓기 시작했다.

"우리들은 유라시아대륙의 넓은 땅에서 치열한 삶을 살던 종족이었단다. 우리는 누구보다도 힘세고 영리한 종족이었지. 그 중의 한 무리가 이 땅으로의 긴 여행을 시작하였고, 그리고 이곳에서 수만 년간 산야를 누비며 이 땅의 주인으로서 당당하고 자유롭게 살아왔단다."

큰그림자의 눈은 자부심으로 빛나고 있었다.

"거칠고 드넓은 산야에서 우리의 천적인 맹수나 사람들과의 끝없는 생존 경쟁이 벌어질 때마다 희생이 생겼지. 하지만 그런 것은 자유롭게 살아가기 위해 감수해야 할 불가피한 희생이었다. 그런 투쟁의 시간이 지나가고 나면 거기에는 풍부한 먹을거리와 넓고 안전한 우리의 영역이 펼쳐지곤 했었지. 그래서 우리들의 어깨에는 늘 당당함과 자부심이 넘쳐흘렀다."

큰그림자는 잠시 말을 멈추고 구름과 노니는 달을 쳐다보았다.

"지나온 우리 조상의 역사와 오늘날의 네 동료들의 삶을 볼 때 지금 너의 모습은 참된 네가 아니다. 네가 머무는 그 공간이 너의 집은 아니다. 너에게 먹이를 주는 그가 너의 참된 주인은 아니다."

"예?"

"강은 강 스스로가 주인이고 소나무는 소나무 스스로가 주인이듯, 너의 주인 또한 너 자신일 뿐이다. 안전한 생존이라는 본능과 타협하여 네 스스로 그곳이 집이라 생각하고, 너에게 먹이를 주는 그가 너의 주인이라 믿고 있을 뿐이다."

바우는 큰그림자의 이야기를 듣는 동안 뭔가 뜨거운 기운이 뭉클하니 자신을 감싸는 것을 느꼈다. 큰그림자의 말이 멈추고 침묵이 바우의 가슴속, 충격의 깊은 골짜기를 채우고 있었다. 그 침묵의 심연 속에서 몇 가지의 의문이 바우의 머릿속으로 부상하기 시작했다.

"이곳이 저의 집이 아니라구요? 그리고 저의 주인이 따로 있다구요? 매일 저에게 밥을 주는 그 사람이 저의 주인이 아니라구요?"

바우의 질문을 받은 큰그림자는 조용히 대답했다.

"그렇다. 우리 종족의 집은 울타리가 없는 너른 들과 계곡이 펼쳐진 저 넓은 숲이다. 우연히 찾아 들어간 이 공간이 너에게 잠시의 안정을 주는 피난처일지언정 네 안에 머무는 너의 참된 주인이 거처할 집은 아니다. 너의 뜨거운 심장이 뛰는 곳에 너의 길이 있다. 오랫동안 먼지를 뒤집어 쓴 채 네 안에 잠들어 있는 참된 너의 외침에 귀를 기울여라. 그 소리를 따라가거라!"

단호한 그의 표정엔 한 치의 흐트러짐도 없었다. 그런 큰그림자의 모습에서 바우는 신뢰감을 느꼈다. 잠시 호흡을 가다듬은 큰그림자가 계속 말을 이었다.

"이제는 너로 돌아가야만 한다. 너의 가짜 주인은 언젠가 네가 충분히 살이 쪘다고 생각될 때 너를 어디론가 팔아버리고 말 것이다. 그곳은 다시는 돌아올 수 없는 곳이다."

바우는 어제와 마찬가지로 그동안의 삶을 이끌어오던 믿음이 흔들리는 강한 충격에 혼돈으로 빠져들었다. 바우는 그동안 자신 속에 머물러 있던 의문들을 물었다.

"큰그림자님! 그런데 왜 저는 다른 돼지와 다르게 주둥이가 이렇게 길고, 털은 뻣뻣하고 많은가요? 그리고 흉하게 입 옆으로 자란 이 송곳니는 또 뭐에요?"

잠자코 바우의 질문을 듣던 큰그림자는 미소를 지었다.

"남과 다른 너의 주둥이와 털, 그리고 이빨은 너만의 장점이란다. 그것은 부끄러움의 대상이 아니라 언젠가 네가 저 숲의 주인이 될 때 너를 너답게 만들고, 너를 지켜주는 가장 고마운 무기가 될 것이다."

그 말을 마치고 큰그림자는 숲으로 조용히 사라졌다.

그날 밤도 바우는 큰그림자가 남기고 간 이야기들을 생각하느라 잠도 잊은 채 뒤척였다. 큰그림자가 들려준 참된 주인이라는 말과 자신만의 강점이라는 것에 대해 많은 생각을 해보았지만 혼돈만 더할 뿐 어떤 것도 가슴에 와 닿지 않았다.

사실과 진리는 그것을 대하는 인식의 주체들이 가진 그릇의 크기만큼 담겨지는 법이다. 어린 시절부터 진실과 다른 경험 속에서 살아온 바우는 그 모든 것이 진실이라 할지라도 그 사실을 감당하기 버거웠다.

그로부터 또 며칠이 흘렀다. 금수산에는 봄기운이 완연히 흐르고, 산은 연둣빛으로 물들어 가고 있었다. 큰그림자는 지난 시간의 이야기를 숙성시키려는 듯 나타나지 않고 있었다. 큰그림자가 걸어오던 범골에서는 소쩍새의 울음소리만 밤새도록 '소쩍 소쩍' 울렸다.

어느 날 아침이었다. 예전과 마찬가지로 낯선 사람 서너 명이 차를 타고 농장으로 들어왔다. 그러나 그날 그들의 행동은 예전과 사뭇 달랐다. 그들은 농장주와 함께 돈사로 들어오더니 다른 돼지들은 쳐다보지도 않고 바우가 있는 우리로 와 바우만 한참을 바라보았다. 이내 자기들끼리 무엇인가 이야기를 주고받더니 만족스런 눈빛을 보내며 주인에게 연신 고개를 끄떡이고 있었다.

바우는 그들의 눈빛에서 불길한 징조를 느꼈다. 그들에 의해 자신의 삶이 크게 위협 받을 것 같은 예감이 들었고, 그날 오후 내내 바우는 그 불안을 떨쳐 버릴 수가 없었다. 문득 큰그림자의 외침이 어둠을 가르는 예리한 빛의 칼처럼 파고들었다.

"너의 주인은 너임을 잊지 마라! 언젠가 너는 팔려가게 될 것이다. 그곳은 다시는 돌아올 수 없는 곳이다."

그 순간 바우는 벌떡 일어나 번쩍거리는 눈으로 금수산 쪽을 바라보았다. 그 눈에는 강한 믿음이 타오르고 있었다.

"그래! 이건 내 삶이고 내 운명이야! 나에게 밥을 주는 저 사람은 단지 밥을 주는 사람일 뿐이야. 나의 주인은 나야. 위대한 종족의 진정한 주인!"

  그러한 생각에 이르자 갑자기 세상 모든 것이 다르게 보이기 시작했다. 바로 그 외침이 내면에서 들려오는 순간 허름한 우리 속의 한 생명은 자신만의 새로운 우주를 창조하고 있었다. 하늘에서는 샛별이 그의 눈으로 빨려들어오고 있었다.

04
변화를 위한 몸 만들기

 다음날 아침, 농장주인은 수레를 밀고 와 사료를 나눠준 후 흡족한 미소를 띤 채 바우를 한참을 보다가 갔다.

바우는 그 미소가 불길했다. 그러나 큰그림자의 도움으로 새로운 사고의 틀을 갖게 된 바우는 더 이상 어제까지의 그가 아니었다. 불안을 느꼈지만 안절부절못하지는 않았다. 불안조차도 이제는 자신만의 주관으로 냉정하게 관찰하고 판단할 수 있었다. 그런 변화를 들키지 않기 위해

주인이 뿌려준 사료에 더욱 집착하는 모습을 일부러 보이기도 했다. 바우의 예감이 옳았다는 것은 그날 밤 오랜만에 다시 찾아온 큰그림자를 통해서도 확인됐다.

바우는 그동안 자신 속에서 벌어졌던 일과 오늘 아침의 풍경을 큰그림자에게 자세히 전했다. 이야기를 듣던 큰그림자의 얼굴에는 만족스러운 표정과 긴장된 표정이 순차적으로 나타났다.

"바우야, 네가 마음속 너의 중심을 발견하게 되어서 참으로 다행이다. 이제 내 말을 잘 들어야 한다. 네 이야기로 볼 때 지금껏 우리 안에서 네가 누려온 안정의 시간을 끝낼 때가 왔다. 만일 네가 이곳에 계속 머문다면 네 의지와는 상관없이 너의 삶은 회복할 수 없는 곳으로 가게 될 것이다. 이제 이곳을 떠날 때다."

자신의 예감과 일치하는 큰그림자의 말을 듣자 바우는 숨이 가빠지고 식은땀이 주룩 흘렀다. 바우는 큰그림자에게 진지한 표정으로 질문을 던졌다.

"그렇다면 어떻게 이곳을 벗어날 수 있을까요?"
"그 답은 네 안에 있다. 네가 잘하는 것이 무엇이냐?"
큰그림자의 갑작스런 질문에 바우는 잠시 생각을 하고

대답했다.

"네, 저는 남들보다 일찍 일어나고, 먹이 냄새를 잘 맡고 거친 풀도 제 튼튼한 주둥이와 이빨로 잘 씹어요. 힘도 세구요."

"바우야, 남들도 다 하는 그 정도의 역량으로는 자유를 유지하기가 쉽지 않다. 네가 말한 것들은 '우리 안의 삶'에 머물기 위한 역량에 불과하다. 우리를 넘어서 더 큰 세상으로 나가려는 너에게 지금 필요한 것은 남들과 다른, 남들이 할 수 없는 차별적인 역량이다. 남들도 할 수 있는 것을 남들보다 잘해봤자 그 '우리 안의 삶'을 유지해 나갈 뿐, 그 이상으로 너만의 삶을 만들 수는 없는 것이다."

"큰그림자님, 그렇다면 지금 제게는 어떤 능력이 필요한가요?"

"너에게는 본래 남과 다른 힘이 있단다. 빨리 뛸 수 있고, 이 정도의 울타리는 쉽게 뛰어넘을 수 있는 근력이 있지."

"저 울타리를 넘을 수 있는 힘이 제게 있다구요?"

"그렇단다."

"그렇다면 제가 지금 당장 저 울타리를 뛰어넘을 수 있다는 말인가요?"

"네 안에 힘이 있을지언정 그 힘을 지금 당장 쓰기는 어렵단다. 힘을 '갖고 있다'는 것과 힘을 '사용할 수 있다'는 것은 다른 차원의 일이지. 그동안 네 스스로 너의 힘을 인식하고 사용해본 적이 없기 때문이다."

"그렇다면 저는 지금 당장 무엇을 해야 하나요?"

방법에 대하여 묻는 바우를 쳐다보던 큰그림자는 그에게 보다 구체적인 이야기를 들려주기 시작했다.

"네가 저 너른 산야로 달려 나가기 위해서는 두 가지 힘이 필요하다. 첫째는 너 자신의 본질에 대한 믿음의 힘인 '신념'이다. 둘째는 그것을 실현할 수 있는 실제적 힘으로서의 '역량'이다. 이 중에 어느 하나가 부족하면 너는 저 너른 숲의 주인으로 살아갈 수가 없다."

큰그림자는 바우의 눈을 보며 말했다.

"역량은 없고 신념의 힘만 크다면 평생 자기갈등에 빠진 몽상가로 살다갈 수밖에 없다. 반대로 신념은 없고 역량만 갖췄다면 세상의 놀잇감 내지 기회를 잡지 못하는 어리석은 재주꾼의 삶을 살다가 갈 것이다. 하물며 신념도 역량도 없다면 그 삶의 양식이 아무리 화려하다 한들 생명의 가치를 상실한 한낱 고기 덩어리에 불과할 것이다. 네가 부디 저 너른 숲의 주인에게 요구되는 굳센 신념과 우리를 뛰어넘을 수 있는 차별적이며 사실적인 역량을 갖추길 바란다."

큰그림자는 부드럽게 말을 이었다.

"너의 길이 정해졌다면 서두르지 말고 오늘부터 차근차근 네 마음과 몸의 근육을 단련하고 키워가기 바란다. 내일 오후, 운동장에 나가면 너는 쉬지 말고 그곳을 달리며 근력을 키워라. 그 다음 해야 할 일은 너의 진척상황을 보고 다시 알려주마."

그 말을 남기고 큰그림자는 울타리를 넘어 숲 속으로 서서히 사라졌다.

이제 바우에게는 예견된 위기와 그것을 넘어서기 위한 과제만이 절실하게 놓여 있었다. 지금 그에게 그보다 더 중요한 것은 없었다.

봄이 되자 농장주인은 돈사를 청소하는 시간이 되면 돼지들을 운동장에 방목하곤 했다. 그것은 바우에게 아주 좋은 기회였다. 대부분의 돼지들은 따뜻한 햇살 아래 모여 있거나 운동장 여기저기를 파헤치면서 몰려다녔다. 귓가에 꽂혀 있는 인식표를 이리저리 흔들며 아무 풀뿌리나 입에 넣고 어기적대며 몰려다니는 그 행동은 그저 의미 없이 습성화된 행동이다. 그들에게 주어진 짧은 자유시간은 그저 편하고 안전한 울타리로 복귀하기 위한, 소비해야 할 시간에 불과했다.

그런 반복적 풍경 속에서 한 마리의 돼지가 홀로 뜀박질을 하고 있었다. 그것은 삶의 변화 앞에 홀로 선 바우였다.

뜀박질 훈련을 처음 해보는지라 몇 바퀴 돌지 않았는데 현기증이 나기 시작했다. 이내 몸을 추스르고 다시 달렸지만 폐부 속으로 거친 공기가 파고들어 점차 쓴 고통이 느껴졌다. 몸에 한계가 온 것이다. 주저앉고 싶은 생각이 그의 마음에 가득 들어차기 시작했다.

결정적으로 그를 주저앉힌 것은 먹잇감의 자진굴복을 기다리는 하이에나의 눈빛으로 그를 응시하는 주변의 분위기였다.

그 중에서도 평소 그를 적대시하던 먹통대장은 비아냥거리는 말까지 던졌다.

"이제는 완전히 돌아 버렸군. 남들은 배가 고플까봐 움직이질 않는데 일부러 배가 고프려고 혼자 저렇게 뛰돌아치니 쯧쯧…. 얘들아, 앞으로 저놈을 미친 바우라고 불러라!"

잠시 후 여기저기서 "미친 바우! 미친 바우!" 하는 소리가 합창하듯 메아리치기 시작했다.

창피한 마음에 바우는 구석으로 가서 고개를 숙인 채 조용히 그들의 눈치를 살폈다. 자신도 지금 자기가 하는 행동이 영 낯설게만 느껴지고 불안했기 때문이다. 예전과 같이 방목시간이 되면 잡초를 한입 물고 어슬렁대며 여기저기를 기웃거리다가 시간이 되면 조용히 우리 안으로 돌아가는 것이 행복이 아닐까 하는 생각과, 고통스러운 달리기가 진정 자신에게 힘을 줄지 의구심이 들었다. 기가 죽은 바우는 시간이 되자 다시 우리 안으로 돌아가 밤을 기다렸다.

그날 밤, 큰그림자가 찾아왔을 때 바우는 낮의 일을 의기소침한 채 이야기했다. 큰그림자는 바우의 예상과 달리 별일 아니라는 듯이 미소를 지으며 말했다.

"바우야, 세상에서 결심보다 힘든 것이 실행이란다. 실행은 정신적, 육체적으로 많은 고통을 주지. 그 어색함과 버거움의 고통은 네 안의 게으름과 녹슬음이 너에게 저항하는 것이라고 생각하면 된다. 한 모금의 공기로도 그럭저럭 살던 폐에게 한 바가지의 공기를 들이킬 수 있도록 변화를 가하려 하면, 당연히 너의 폐가 거칠게 저항을 하지. 그런 내부의 저항에 굴하지 마라. 그 고통에서 네 자신이 얼마나 무기력했고 뒤처진 시간 속에 있었는지를 깨달아야 한다. 창피해하거나 불안해하지도 마라. 변화와 발전 앞에는 항상 장애물이 있고 그 길은 남들이 가지 않는 길, 남들이 이해할 수 없는 길이다. 세상이 너를 이해해주길 기대하지 마라. 네가 네 자신을 이해하고 네 자신에 대하여 기대하여야만 한다."

낮의 일을 들여다보듯이 말하는 큰그림자의 말에 바우의 마음속 불안감은 사라졌다. 큰그림자의 말을 조금도 놓치지 않으려고 바우는 귀를 쫑긋 세워 집중했다.

큰그림자도 그런 바우에게 생각을 정리할 시간을 주려는 듯 잠시 말을 멈추었다. 그리고는 숲을 응시하다가 다시 천천히 말을 이었다.

"너른 숲은 스스로에게 엄격하고, 스스로 일어선 자들

에게만 주인의 자리를 내준다. 남들처럼 그 장애물 앞에서 세상의 눈치를 보며 우물쭈물 대서는 안 된다. 보다 더 큰 신념을 품고, 변화의 힘을 키우기 위한 인고의 시간을 보내야만 한다. 현재에 안주하려는 네 자신의 마음속 저항과 주변의 방해가 클수록 그 변화에 새로운 가치가 존재한다는 사실을 명심해야만 한다. 숲에는 울타리가 없다. 울타리를 만들고, 울타리에 안주하는 자들은 결국 그 울타리로 인하여 죽음을 맞이하게 된다. 세상은 길을 만드는 자들의 것이다. 큰 세상을 상상하며 너의 길을 만들어가라. 그 길이 너의 울타리가 되어야 한다. 네가 포기하고 쓰러지더라도 너의 가슴속에는 항상 붉고 뜨거운 야생의 피가 흐르고 있다는 사실을 명심하거라."

말을 마치자 큰그림자는 모든 것을 다 이야기했다는 듯 묵묵히 바우를 바라만 보았다. 바우 또한 생각이 정리되고, 불안을 해소하는 큰그림자의 이야기에서 힘을 얻은 듯 호흡을 가다듬으며 묵묵히 고개를 끄덕였다.

다시금 마음의 힘을 얻은 바우는 다음날도 운동장을 달렸다. 몸의 저항도 어제보다 덜했고 달리는 속도에도 힘이 붙는 것이 느껴졌다. 그러나 여전히 여기저기에서 야유하는 소리가 들렸다.

힘을 기르기 위한 달리기 훈련이 하루하루 지속될수록 동료 돼지들이 보내는 야유도 신경 쓰이지 않게 되었고, 예전과 다른 뭉클하고 기분 좋은 감동이 자기훈련의 시간이 끝난 뒤면 몰려와 바우를 행복하게 만들었다.

그런 바우를 언제부터인가 멀리서 농장주인이 탐탁지 않은 표정을 지으며 지켜보고 있었다. 바우도 자신을 지켜보다가 사라지는 주인의 행동을 알고 있었다.

그날 저녁, 친구 큰발이 다가오더니 그동안의 바우의 행동이 못내 궁금하다는 듯 질문을 하기 시작했다.

"바우야, 왜 너는 그렇게 매일 달리기를 하며 쓸데없이 힘을 쏟아? 그냥 옛날처럼 따뜻한 햇살 아래에서 시큼한 토끼풀이나 명아주를 씹으며 진흙목욕을 하다가 우리로 돌아가는 것이 더 낫지 않아?"

큰발의 질문은 예전에 자신의 마음속에 웅크리고 있던 생각이었다. 그 질문과 고민, 해답의 과정을 이미 거친 바우는 네 심정을 이해한다는 표정을 지으며 큰발에게 자신의 생각을 이야기했다.

"큰발아, 너도 항상 저 울타리 너머의 세상에 관심이 많았지? 나는 그 큰 세상을 보고 싶어. 그래서 매일 나를 단련하고 있단다. 아직은 불안도 하고 가능성에 대한 확신도 부족해. 하지만 나의 스승님이 이 길만이 나의 자유를 얻기 위한 방법이라고 말씀하셨어."

"너의 스승님? 그 분은 어떤 분이시니?"

"나와 비슷한 외모에 덩치가 나의 두 배는 되는 분이야. 깊은 밤 너희들이 잠든 시간에 조용히 오셨다가 조용히 사라지시곤 하셔."

"응, 그렇구나…."

큰발은 자신도 꿈꾸던 넓은 숲의 세상에 대하여 이야기하는 바우에게 그저 묵묵히 고개만 끄덕이고 있었다.

바우는 큰발에게 함께 숲의 세계로 가자고 제의했다.

"내가 어떻게 저 울타리를 뛰어넘을 수 있겠니. 그리고 뛰어넘어 나간들 살아남는다는 보장도 없고 말이야…."

"그래도 너는 항상 저 숲의 세상을 부러워했잖아."

"그거야, 마음만 그런 거고…. 불안한 세상보다는 그래도 매일매일 먹이를 주고 적당히 햇살을 즐길 수 있는 이곳이 행복하지 않겠니? 나는 자신이 없어…"

큰발은 그 말만 남기고 고개를 떨어뜨린 채 자신의 잠자리로 향했다.

다음날 아침, 운동장을 달리고 있는 바우에게 큰발이 다가와 뜻밖의 말을 했다.

"바우야, 나도 너와 같이 힘을 키우면 안 되겠니?"

기대하지 않은 큰발의 동참 의사. 바우는 동지를 만난 기쁨에 흔쾌히 말했다.

"물론, 좋고말고. 당장 함께 해!"

밤새 잠을 못 잔 듯 푸석푸석한 얼굴을 한 큰발은 묵묵히 바우와 함께 운동장을 달리기 시작했다.

그러나 오랜 시간의 반복을 통해 야성을 상실한 개체로 변한 큰발은 한 바퀴를 돌자마자 지쳐 쓰러진 채 힘차게 달려가는 바우를 쳐다보고만 있었다. 바우가 그런 큰발을 일으켜 세워 함께 뛰었지만 3일째가 되자 큰발은 결국 운동을 중단하고 말았다.

"바우야, 아무래도 나는 안 되겠어. 그냥 이대로 사는 게 내게는 맞는 것 같아. 힘이 들고 고통스러운 것이 무엇을 의미하는지 잘 모르겠어."

안정적인 현재가 품고 있는 치명적 위험에 대한 이해나 미래에 대한 명확한 비전이 없는 큰발에게는 그 무모한 듯한 운동을 더 이상 지속해 나갈 의미나 열정이 없었다. 큰발이 바라보고 동경하던 숲은 그에게 시멘트로 만든 동상처럼 붉은 피가 돌지 않는 한낱 죽은 이상에 불과했다.

그런 상황을 알고 있던 바우는 더 이상 너른 숲에 대한 이야기를 하며 동참을 권할 수가 없었다. 불확실한 도전을 하는 자신의 입장에서 다른 동료의 운명까지 책임지기에는 자신이 없었기 때문이다. 그냥 홀로 자신을 믿으며 운동장을 달리고 근력을 키울 뿐이었다.

그날 오후에도 농장주인은 오랜 시간 동안 바우를 관찰하다가 사라졌다.

그날 저녁에 나타난 큰그림자는 낮의 운동으로 인한 피곤함에 지쳐 있던 바우에게 중요한 말을 남겼다.

"바우야, 오늘이 바로 네가 이곳을 떠나야 하는 날이다. 달이 구름 속으로 숨으면 이 우리를 뛰어넘어 숲으로 달려가거라!"

큰그림자는 울타리를 뛰어넘어 숲으로 사라지면서 다시 한번 당부했다.

"명심하거라. 너에 대한 믿음만이 이 일을 가능하게 할 것이다. 끝까지 너 자신을 믿어라."

바우는 그동안 각오를 하고 준비를 하여 왔던 터라 갑작스런 큰그림자의 말에도 당황하지 않고 담담하게 받아들였다.

큰그림자가 사라지고 얼마가 지나자 달이 구름 속으로 숨어들었다. 그 순간 세상은 어둠의 치마 속에 파묻혔다. 드디어 바깥 세상을 향한 도전을 할 때가 왔다.

막상 탈출하려고 몸을 일으키니 긴장이 몰려왔다. 울타리를 넘기 위한 도움닫기를 하기 위해 뒤로 물러서던 바우의 눈에 큰발의 자는 모습이 들어왔다. 함께하고 싶다고 했던 일이 생각나 바우는 큰발을 깨웠다. 졸음에 겨운 듯 힘겹게 일어난 큰발은 앞에 서 있는 바우를 보자 흠칫 놀랐다.

"바우구나. 왜 안 자고 그래?"

"큰발, 이제 더 큰 세상으로 나갈 때가 됐어. 같이 가자!"

갑작스런 말에 큰발은 당황하여 아무 말도 못했다. 다

른 세상으로 간다는 것은 큰발에게 놀랍고 두려운 일이었기 때문이다.

계속 큰발이 반응이 없자 바우는 설득을 포기하고 울타리를 넘기 위해 도움닫기 거리를 벌렸다. 그러다 실수로 자고 있는 먹통대장의 발을 밟고 말았다.

"뭐야! 어떤 놈이야!"

큰소리를 치며 일어난 먹통대장의 눈에 바우가 들어왔다.

"아니, 이놈이 죽으려고 환장을 했나! 너 어디 혼 좀 나 봐라!"

먹통대장은 바우를 향해 돌진하려고 몸을 일으키기 시작했고, 그 순간 바우는 코로 먹통대장의 얼굴을 강하게 밀쳐 버렸다. '꽤액!' 하는 소리와 함께 먹통대장이 뒤로 저만치 나뒹굴었다.

그 순간 바우는 앞으로 내달려 울타리를 넘기 위해 도약했다.

그러나 지나치게 긴장한 탓인지 다리가 우리의 턱에 걸리며 우리 안에 나자빠지고 말았다.

바우는 당황했다. 정신을 차린 먹통대장이 바우를 공격하려고 일어서는 모습도 눈에 들어왔다.

바우의 이마에 땀방울이 송글송글 맺히기 시작했다.

그 순간 큰그림자의 이야기가 떠올랐다.

'너에 대한 믿음만이 이 일을 가능하게 할 것이다. 끝까지 너 자신을 믿어라!'

"그래, 믿는 거야. 나는 할 수 있어!"

바우는 다시 한번 우리의 턱을 향해 몸을 날렸고, 어느새 몸은 우리 밖 운동장에 있었다. 우리를 넘은 자신이 믿기지 않는지 한참을 뒤를 돌아보며 서있었다.

우리 안에서는 씩씩거리며 달려들던 먹통대장이 분통이 터지는 듯 운동장에 서 있는 바우를 향해 시끄럽게 욕을 해대고 있었다.

저 멀리 운동장 울타리가 보이자 바우는 그쪽으로 달려갔다. 자신감으로 가득 찼기에 운동장 울타리는 훨씬 수월하게 넘을 수 있었다.

숲을 향해 달려가는 그에게 숲의 내음이 그의 자유를 환영하듯 폐부 속으로 몰려오기 시작했다. 그동안 자신의 밤잠을 설치게 했던 숲의 내음, 그 자유의 내음을 맡자 자기도 모르게 눈에서 굵은 눈물이 흘러내렸다.

그런 바우를 산자락 너럭바위 위에서 큰그림자가 지켜보고 있었다.

2부 야생의 숲

05 경계로부터의 자유
06 숲의 변화
07 성공을 갉아 먹는 게으름
08 관계의 숲
09 변화하는 환경
10 홀로 선 자들의 숲

05
경계로부터의 자유

　　　　　　긴장과 감격 속에 농장을 빠져 나온 바우는 큰그림자의 내음이 흘러오는 너럭바위를 향해 달려갔다. 그곳에 도착한 바우는 감격에 찬 표정으로 큰그림자를 올려다보았고, 큰그림자는 대견하다는 듯 묵묵히 고개를 끄떡였다.

　큰그림자의 옆으로 올라선 바우는 농장을 감회 어린 눈으로 바라보았다. 돈사가 소란스럽자 주인이 알아보러 나왔는지 농장에는 불이 켜졌고, 주인으로 보이는 사람의 움직임이 어렴풋이 보였다. 그 와중에 한 마리의 돼지가 유난히 큰 앞발을 우리에 걸친 채 이쪽을 보고 있는 것이 눈에 들어왔다. 분명히 큰발이었다.

그 모습을 보니 탈출의 흥분도 사라지고 이내 마음이 무거워졌다. 바우의 표정이 바뀐 걸 눈치챈 큰그림자가 물었다.

"바우야, 무슨 문제가 생긴 것이냐?"

"네, 저 안에 저와 마음이 통하던 큰발이라는 친구가 있었어요. 그런데 그 친구는 자유를 동경했지만 훈련을 하다가 중간에 힘들어서 포기를 하고 말았거든요. 그 친구가 자꾸 마음에 걸려서…."

"그래, 무슨 이야기인지 알겠다. 오늘은 농장이 너의 탈출로 소란스러우니 일단 이곳을 피하고 보자. 며칠 후에 농장이 조용해지면 다시 들어가서 그 친구를 한 번 더 설득해 보는 게 어떠냐?"

"네? 저 보고 저 우리로 다시 들어가라고요? 저기 들어갔다가 못 나오면 어떡하고요?"

"바우야, 이제 너는 저 정도의 농장우리는 쉽게 넘나들 수 있는 역량을 갖췄단다. 조금 전까지만 해도 너의 목표는 울타리를 뛰어넘는 것이었고, 그 울타리는 네 안의 자유의지를 괴롭히던 장애물이었을 것이다. 그러나 지금 울타리를 뛰어넘은 너에게 울타리는 더 이상 목표도 장애물도 아니다. 경계가 무의미한 상태만이 있을 뿐이지. 독립적 삶이란 안과 밖의 경계로부터의 자유를 의미한다. 삶의 자유, 독립을 얻은 자란 울타리 밖으로 탈출한 자만을 이야기하지는 않는다. 어떤 울타리 안에 있던, 신념과 원하는 바를 실행할 수 있는 힘을 갖춰서 그 울타리가 장애가 되지 않는 무(無)경계의 삶을 사는 자들을 말하는 것이다. 울타리로부터 자유로울 수 있는 역량을 갖춘 자, 울타리에 구애되지 않는 삶을 사는 자라면 그는 이미 자유를 얻은 자이고 독립을 얻은 자이다. 네가 어느 곳에 있던지 그런 무경계의 경지를 이룰 때 세상은 너를 자유로운 존재라 인정할 것이고 독립적 삶을 이룬 존재라 칭할 것이다."

큰그림자의 이야기를 듣자니 그가 그토록 두려워하고 불편해하던 울타리가 지금의 그에게는 아무 의미도 아닌 과거의 한 풍경에 지나지 않음이 이해가 되었다. 지금 그에게는 울타리에 연연하지 않을 자신감과 역량이 자신 안에 오롯이 자리 잡고 있는 것이 느껴졌다. 바우는 진정한 자유와 독립적 삶이 무엇인지 새롭게 이해하기 시작했다.

 그날 저녁 바우는 큰그림자를 따라 동족 멧돼지가 머물고 있는 범골 깊은 계곡에 자리 잡고 있는 다래나무숲으로 들어갔다. 십여 마리의 무리들은 큰그림자를 통해 바우를 미리 알고 있었던 듯 매우 호의적으로 바우를 맞아 주었다.
 바우는 동료 멧돼지들이 마련해준 잠자리에 몸을 누이며 울타리가 없는 숲에서의 첫 밤을 보냈다. 그동안의 긴장이 풀린 듯 깊고도 깊은 잠 속으로 빠져들었다. 고요한 숲에선 소쩍새만이 울어대고, 은은한 달빛이 바우의 깊은 잠을 토닥였다.

 낯선 범골에서의 생활이 시작되었다. 모든 것이 신기하고 모든 것이 자유로운, 처음 느껴보는 자유의 시간이었다. 그러나 그런 자유를 만끽할수록 바우의 마음 한편에는 큰발의 모습이 숙제처럼 자리 잡고 있었다.
 숲에서의 생활도 일주일이 지난 저녁, 큰그림자의 말대로 바우는 그가 머물던 농장을 향하여 천천히 내려갔다.

저 멀리 농장이 눈에 들어왔다. 바우는 너럭바위 위에 서서 농장의 불이 다 꺼지기를 기다렸다. 이윽고 농장이 어둠 속에 잠기자 바우는 농장 안으로 조심스레 들어갔다. 운동장의 울타리를 뛰어넘고, 다시 돈사의 울타리를 넘어 큰발 앞까지 다가갔다. 먹통대장은 죽은 듯이 잠을 자고 있었다.

바우는 큰발을 흔들어 깨웠다. 큰발은 갑자기 나타난 바우가 놀랍고도 반가운 듯 기쁨을 표하고, 바우가 사라진 후의 농장 사정을 들려주었다.

바우가 빠져나간 후 농장주인은 노발대발 화를 내며 실망과 분노를 표했다. 그리고 이제는 돈사의 청소시간에도 운동장에 돼지들을 풀어 놓는 횟수를 줄였다. 바우는 큰발의 이야기를 듣다 말했다.

"큰발아, 나랑 같이 저 숲으로 가는 게 어때? 운동장의 울타리 문은 내가 열어 놓을 테니, 이 우리만 타 넘어서 저 너른 자유의 숲으로 함께 가자."

"바우야, 나도 저 숲을 꿈꾸지만 이곳을 떠날 자신이 없어. 아무래도 내게는 매일 먹이가 제공되는 이곳이 맞는 것 같아. 바우야, 내 걱정 말고 다시 숲으로 돌아가. 주인이 오기 전에…."

숲을 동경하지만 야생의 삶에 대한 자신이 없는 눈빛으로 말하는 큰발을 보자 바우는 더 이상 설득이 불가능하다는 생각이 들었다. 바우는 큰발에게 큰그림자가 들려준 진정한 자유와 독립의 상태인 무경계의 경지를 알려주었다.

"큰발아, 저 울타리를 뛰어넘어 숲에서 사는 것보다 더 중요한 게 있어. 그건 울타리에 좌우되지 않는 정신이야. 당장 이곳을 뛰쳐나가지 않아도 좋고, 이곳에서 그냥 살아도 좋아. 하지만 큰발, 네가 잊지 말고 노력해야 할 것이 있어. 울타리를 자유자재로 넘나들 수 있는 역량! 네가 그 역량을 갖춘다면 우리가 서로 다른 영역에 머물더라도 우리는 야생력을 갖춘 동지가 되는 거야!"

고개를 끄떡이는 큰발을 뒤로 한 채 바우는 다시 우리를 뛰어넘어 범골로 달려갔다. 그의 뒤로 농장의 모습이 서서히 사라졌다. 어느 순간 바람이 넘실대는 숲의 풍경만이 바우의 눈을 채우고 있었다.

06

숲의 변화

바우가 돈사를 벗어난 지도 세 달이 지났다. 그 사이 숲은 봄을 지나 초여름으로 들어섰다. 짧고도 긴 그 시간은 바우에게 너무도 많은 긴장과 변화를 줬다. 기존의 자신의 생활과 전혀 다른 야생의 생존방식에 적응하는 것은 무척 힘들었다.

숲 생활 초기에는 스스로 먹이를 찾아나서야 하는 것이 가장 힘들었다. 수년간 때가 되면 농장주인이 알아서 제공하던 사료에 익숙한 삶을 살던 바우로서는 스스로 준비하고, 스스로 먹이를 찾아나서야 하는 철저한 야생의 생존방식이 힘겨웠다.

잔설처럼 내면에 남아 있는, 과거의 습관이라는 내적 관성 때문에 버겁고도 불편한 시간을 보내던 바우도 차츰 시간이 지나자 야생에 적응하며, 스스로 먹이를 찾아 산야를 누비기 시작했다.

변화와 적응을 위한 심신의 고통 속에서 세 달을 보내고 초여름에 접어들자, 야생에 걸맞은 근육질의 몸과 거친 털, 반짝이는 눈빛을 가진 한 마리의 당당한 야생 멧돼지로 변해 있었다.

멧돼지 무리들의 정신적 지도자인 큰그림자도 더 이상 바우의 생활에 관여하지 않았다. 바우가 스스로 모든 것을 익혀 나가도록 자유롭게 두었다.

수풀이 우거진 여름철은 야생의 멧돼지에게 은혜로운 계절이다. 지천으로 널린 것이 먹잇감이었기에 바우도 끝없는 먹이활동으로 인해 몸은 피곤했지만 나름대로 신바람이 났다. 오랜 시간을 작은 우리에 갇혀 지낸 바우에게 골짜기가 깊고 긴 이 범골은 너무도 넓은 세상이었다.

우거진 숲이 제공하는 안전한 은폐와 풍족한 먹이 속에서 뜨거운 여름이 지나가고 있다. 그 사이 숲에는 아기 멧돼지들이 태어났고, 새로운 생명들은 어미 멧돼지를 따라 무리지어 몰려다니며 야생의 주인으로 살아가기 위한 준비를 부단히 하고 있었다.

태풍과 비바람이 몇 번인가 숲을 강타하고 지나갔다. 범골의 아름드리 소나무 여러 그루가 태풍이 치던 그 밤에 '우지직'하고 부러져 나갔고, 태풍이 지나간 숲은 핼쑥하니 변해 있었다. 뜨겁던 여름의 열기가 가시자 새벽 기운이 차가워졌다.

멧돼지 떼의 움직임이 바빠지기 시작했다. 바우는 여전히 범골 주변에서 먹이 활동을 했지만 다른 무리들은 범골을 넘어 다른 숲으로 활동영역을 넓히고 있었다.

그런 소란스러움이 바우는 이해가 되지 않았다. 어느 누구도 바우에게 그 내막을 이야기하지 않았다. 자신의 삶의 책임은 스스로 지는 것이 야생의 불문율이기 때문이다.

바우는 큰그림자를 오랜만에 찾아갔다.

"큰그림자님, 저는 정말 이해가 안 됩니다. 먹을 것이 부족하지도 않은데 왜 저렇게들 소란을 피우며 위험을 무릅쓰고 멀리까지 돌아다니죠?"

큰그림자가 조용히 이야기했다.

"바우야, 이 자연에는 계절이 있단다. 꽃이 피는 봄, 열매를 맺는 여름, 그 열매를 떨어뜨리는 가을. 열매는 겨울의 침묵과 시련을 견딘 후에 다시금 봄에 꽃을 피우지. 이와 마찬가지로 우리에게도 계절이 있다. 야생에서 살아온 우리는 직관적으로 그 계절의 변화를 읽을 수 있지만, 오랜 세월 자연의 리듬을 잃고 살아온 너는 그 직감이 무뎌졌을 것이다. 그러니 명심하거라. 네 목숨이 달린 문제다. 낙엽이 발목까지 쌓이는 날이 오면 숲은 갑자기 배고픈 곳으로 변할 것이다. 이 범골의 먹이만으로는 다음 해의 꽃을 볼 수가 없을지 모른다. 아직 풍요로운 시간일 때 미리 다른 골짜기를 탐색하고, 네 안에 겨울을 이겨낼 수 있는 영양을 축적해 놓아야 한다. 그렇지 않으면 이듬 해의 봄은 우리들에게 존재하지 않을 것이다. 자유는 저절로 유지되지 않는단다. 부단히 자신을 새롭게 하지 않는 자에게 자유는 머물지 않지. 자유는 지키는 것이 아니라 만들어가는 것이란다. 너도 내일부터 동료들과 함께 나가, 다른 골짜기를 배우고 충분한 영양을 비축해 놓기를 바란다."

 바우는 그저 묵묵히 들었다. 자유로운 세상에서의 생활이 아직 일 년도 되지 않았기에, 머지않아 닥쳐올 겨울이 얼마나 혹독할지 전혀 몰랐다. 어쨌든 큰그림자를 스승으로 신뢰하고 따르는 바우가 그의 말에 따르지 않을 이유는 없었다. 바우도 다음날부터 무리를 따라 범골을 벗어나기 시작했다.

 어느 날인가는 무리를 벗어나 홀로 산 정상에 오른 바우의 눈에 강이 보였고, 그 너머의 큰 숲이 눈에 들어왔다. 그 풍경은 범골 너머에 대한 호기심을 강하게 자극했다.

 가을 내내 바우는 금수산 골짜기 골짜기를 누비며 생존을 위한 에너지의 축적과 보다 넓은 세상이란 경험을 쌓았다. 그런 그를 큰그림자는 흐뭇한 표정으로 지켜보고 있었다.

 어느덧 금수산에는 단풍이 들기 시작하더니 이내 나뭇잎은 낙엽이 되고, 그 낙엽이 범골의 숲과 계곡을 채우기 시작했다. 숲은 사색으로 밤을 지새운 생명처럼 아침이면 핼쑥한 모습으로 자신이 품고 있는 생명들을 내려다보고 있었다. 사방이 노출되어 위협 속에 놓인 금수산의 동물들이 낙엽을 밟고 지나가는 소리만이 간간히 찬바람 소리와 함께 들려왔다.

계절의 변화 속에 범골을 중심으로 두 개의 큰 봉우리를 넘나드는 강행군을 하며 바우도 월동준비에 박차를 가했다. 이런 노력 덕분에 도토리, 밤 등의 열매와 월동을 위하여 산으로 몰려드는 뱀, 개구리 등의 먹이를 충분히 먹으며 영양분을 축적하게 된 바우의 몸에는 점차 윤기가 흐르기 시작했다.

숲은 점점 가을의 막바지를 향하고 있었다.

07

성공을 갉아 먹는 게으름

산에는 하얀 서리가 내리기 시작했다. 오늘따라 바우는 아무것도 하고 싶지가 않았다. 범골의 멧돼지들은 밤새 내린 서리로 하얗게 변한 몸을 나무기둥에 비비며 일어선 후 먹이활동에 나섰다. 하지만 바우는 꼼짝도 하지 않은 채 솔잎 위에 만든 잠자리에 누워 계곡을 향해 걸어가는 무리들을 보고만 있었다. 갑자기 끝없이 반복되는 먹이활동의 시간이 허탈하게 느껴졌기 때문이다.

계곡으로 내려가던 일행들은 누워만 있는 바우를 걱정스런 눈빛으로 잠시 쳐다보다가 이내 머리를 돌려 쏜살같이 건너편 숲으로 사라졌다.

그날 저녁, 보름달은 흐느적거리는 갈잎을 매단 채 서 있는 참나무 사이로 얼굴을 내밀고 있었다. 바우는 멍하니 그 달만 보고 있었다.

그가 힘들게 찾은 자유로운 세상. 그러나 그 속에서의 삶은 너무나 힘들었다. 저 밑의 울타리 안 세상은 자신의 운명을 스스로 결정할 수는 없었지만 매일이 평온했고 이렇게 고단한 피로는 없었다.

'그저 말썽 피우지 않고 조용히만 지내면 언제나 먹이를 실은 수레가 때맞춰 우리 앞에 와 있고는 했는데…. 그런데 지금은 도대체…'

그런 생각을 하고 있는데 큰그림자가 그에게 걸어와 잠시 쳐다보더니 말했다.

"바우야, 내일 나와 함께 갈 곳이 있다. 아침 일찍 준비를 하여라."

그 말만 남긴 채 큰그림자는 언덕 위로 올라갔다.

이른 새벽, 아직 가시지 않은 한기로 몸을 뒤척이고 있을 때 큰그림자가 바우를 깨웠다.

"빨리 일어나거라. 출발할 시간이다."

"근데, 어디를 가시려는 건가요?"

"가서 이야기해주마. 일단 따라오너라."

큰그림자는 묵묵히 앞장서서 걸어가기 시작했다.

새벽안개가 자욱한 가을 숲을 큰 체구의 멧돼지 두 마리가 낙엽을 밟으며 성큼성큼 지나갔다. 갑작스러운 움직임에 놀란 산꿩들이 후두둑하며 날아가는 소리가 숲의 정적을 깬다.

바우로서는 썩 내키지 않는 아침 산행이다. 얼마를 왔을까. 멀리서 익숙한 내음이 콧속으로 들어오는 것을 느낀 바우가 놀랐다.

"아니, 이 냄새는?"

놀라는 바우를 바라보며 큰그림자가 입을 열었다.

"그래, 바로 몇 달 전까지 네가 살던 농장이다. 조금만 더 내려가 보자."

익숙한 냄새에 바우는 설레기도 하고 한편으로 긴장되기도 했다. 농장이 한눈에 보이는 너럭바위에 이르자 큰그림자는 발걸음을 멈추었다.

"자, 네가 살던 곳이다. 저기에서 오늘 무슨 일이 벌어지는지 잘 보아라."

안개가 자욱한 돈사 앞에는 트럭이 두 대 서 있었고, 낯선 사람들이 분주히 오가는 모습이 어렴풋이 보였다.

아침 해가 구름을 거둬내자 그곳에서 벌어지는 일들이 시야에 선명하게 들어왔다.

낯익은 돼지들이 수십 마리씩 트럭으로 옮겨지고 있었다. 놀랍게도 끌려가는 무리 속에 대장노릇을 하던 먹통도 섞여 있었다. 오랜 축사 경험으로 차를 타고 간다는 것이 무엇을 의미하는지 어렴풋이 알고 있는 먹통은 고래고래 소리를 지르며 몸부림쳤다. 그러자 농장주인이 몽둥이로 먹통의 여기저기를 후려치기 시작했다. 주인의 무자비한 몽둥이질에 놀란 먹통은 소리를 치며 차에 올랐다.

그 모습 뒤로 우리 안에서 그 광경을 바라보는 돼지도 보였다. 그것은 먹통의 뒤를 이어 종돈 역할을 하게 될 큰발이었다. 몸은 전보다 더 커져 있었다. 반가운 마음에 바우는 자기도 모르게 외치고 말았다.

"큰발!"

"쉿! 조용히…."

큰그림자가 긴장된 얼굴로 주의를 주었다. 다행인지 트럭의 엔진 소리와 돼지들의 소리에 뒤섞여 바우의 외침은 묻혔다.

이윽고 돼지들을 가득 실은 트럭은 '철커덕'하고 화물칸의 문을 닫더니 어디론가 가기 시작했다. 울부짖는 먹통의 소리가 새벽안개 속으로 사라지자 농장은 평온한 일상으로 돌아갔다.

그곳은 외형적으로만 볼 때는 너무도 완벽한, 행복의 세계였다. 하지만 그곳을 지배하는 건 망각과 무기력의 울타리였다.

바우는 트럭이 사라진 산모퉁이를 보며 큰그림자에게 물었다.

"저들은 어디로 가는 걸까요?"

"이제 다시는 저들을 볼 수 없을 것이다. 저들은 내일 아침이면 사람들의 식탁 위나 회식자리의 재료거리로 세상에 마지막 모습을 보이고 사라질 것이다."

바우로서는 너무나 놀라운 이야기였다. 그렇게 잘난척하

던 먹통대장마저 저렇게 무기력하게 사라진다는 것이 믿기 어려웠다.

"바우야, 저들을 잘 기억해라. 울타리에 안주한 채, 자신의 가슴 뛰는 삶이 아니라 타인의 가슴 뛰는 삶을 살다가 결국은 자신의 의지와 다르게 사라져간 저들을. 너는 네 삶의 주인이 되어야지, 울타리에 안주하며 살아서는 안 된다. 울타리는 자의든 타의든 머무름을 만들고, 그 머무름은 퇴보와 소멸로 널 이끌기 마련이다. 울타리는 항상 달콤함으로 모든 생명을 유혹하곤 하지. 자유에 완성이란 없단다. 끊임없이 자신 속으로 파고드는 게으름과 안일이란 이름의 무질서를 극복하고 자신의 질서를 새롭게 만들어가는 자만이 자유를 누릴수 있지. 자 보거라, 우리들은 오늘도 먹을 것을 찾아 산야를 뛰어다니는 수고의 시간을 보내지만 우리에게는 자유가 있고 이 세상이란 기회가 있지 않느냐. 자유를 가진 참된 주인으로서의 삶이란 너의 뜨거운 심장을 뛰게 하는 너만의 소중한 것을 위하여 스스로 삶을 결정하고 통제할 수 있는 힘을 가진 것을 말한다. 네 앞에 놓인 거추장스러운 수고조차 네가 참된 주인으로서의 삶을 살아가기 위한 기꺼운 권리로 받아들이며 살아가야만 한다. 나는 바우 너를 믿는다."

 큰그림자의 이야기를 듣는 순간, 바우는 비로소 답이 보이는 것을 느낄 수 있었다. 자신의 자유가 얼마나 고마운 것이고 그 자유를 지키기 위하여 수고하며 사는 삶이 얼마나 중요한지를 그도 깨달았다. 바우의 눈빛이 다시 신념으로 빛나기 시작했다.

 큰그림자는 그런 바우의 얼굴을 묵묵히 바라보고 있었다. 그동안 바우에게 알려주고자 했던 삶의 다른 측면을 비로소 이해하는 것 같아 대견하면서도 흡족한 마음이 그의 마음속으로 잔잔히 스며들었다.

 그날 밤, 바우는 아침에 보았던 큰발의 모습이 자꾸만 생각이 나서 홀로 숲을 벗어나 농장으로 내려왔다.

 익숙한 풍경의 농장 울타리를 훌쩍 타 넘은 바우는 구석에서 자고 있는 큰발을 한눈에 알아보았다. 바우는 큰발에게 다가가 주둥이로 큰발을 깨우기 시작했다.

 잠에서 깬 큰발은 강인하게 변한 바우를 못 알아보고 몸을 웅크린 채 사시나무 떨듯 벌벌 떨었다.

 "큰발! 나야, 바우."

"뭐라고? 당신이? 당신이 그 바우라고?"

"그래, 나야 나, 바우. 운동장을 뛰던 바우가 나라니까!"

그제야 바우를 알아본 큰발은 펄쩍펄쩍 뛰며 기쁨을 표했다.

큰발은 오랜만에 만난 바우에게 그동안의 이야기를 했다. 돈사에 대한 통제가 더욱 강화되었고, 먹통대장의 기력이 쇠하자 종돈으로서의 역할을 제대로 못하겠다고 판단한 주인이 어디론가 그를 보내버렸다. 그 자리를 대신 맡은 것이 큰발이다.

그간의 상황을 들은 바우는 큰발에게 울타리를 넘어서 숲으로 오라고 권했다. 그러나 먹통은 자신이 없는 듯 고개를 떨어뜨리고 있었다.

"나도 네가 머물고 있는 숲을 항상 부러워하고 있었어. 그런데 이제는 종돈 생활에 안주하다 보니 몸은 더 무거워지고, 자신감도, 울타리를 타 넘을 근력도 부족한 상태가 되고 말았어…"

"진정으로 네가 숲을 동경한다면 내일부터라도 운동을 하고 힘을 기르면 되지 않겠니?"

큰발은 힘없는 목소리로 답했다.

"운동을 해서 살을 빼면 주인은 당장 종돈의 자리에서 나를 내쫓고 말거야. 그날이 바로 내가 이 농장에서 팔려 가는 날이 되겠지. 지금의 나는 어쩔 수 없는 것 같아. 저 숲을 동경하지만 저 숲이 나에게 어떤 안정된 삶을 줄지 확신할 수 없기 때문에 용기가 나지 않아. 바우야, 저 숲은 나에게 어떤 비전을 줄 수가 있니? 저 숲에는 어떤 안정된 세계가 나를 기다리고 있니?"

"큰발, 숲은 어떤 누구에게도 비전을 주고 안정을 주지 않는단다. 단지 스스로 비전을 만들려는 자에게 기회를 제공할 뿐이지. 그것이 저 숲이란 세상이 주는 선물이고, 스스로 삶을 이끌어가는 숲의 주인공들이 누리는 공평한 권리란다. 지금 너에게 중요한 건 숲에 대한 동경이 아니라, 저 너른 숲에서 어떻게 네 자신의 삶을 책임지며 살아갈지 스스로 계획을 세우는 것 같구나. 나는 큰발 너를 잘 알아. 언젠가 큰그림자님이 내게 말씀하셨지. 포기하고 쓰러진다 해도 가슴속에는 항상 붉고 뜨거운 피가 흐르고 있다고. 너는 지금 현실과 타협하느라 변화를 두려워하지만 너의 심장 속에는 숲을 휘젓고 다니던 뜨거운 야성의 외침이 너를 흔들고 있을 거야. 힘은 들겠지만 네 안에 있는 그 위대한 힘을 믿고 매일매일 조금씩 힘을 기르기 바라. 언젠가 저 푸른 숲에서 다시 만나자."

 바우의 말이 끝나자 큰발은 생각을 하는 듯 고개를 숙이고 구석의 자리로 몸을 누였다. 그런 큰발을 보며 바우는 다시 울타리를 뛰어넘어 범골로 향했다. 숲은 어둠 속에 빠져 있었다. 생명 하나가 그 숲을 품으며 달리고 있었다.

08
관계의 숲

　　　　　　　　그 다음날부터 바우의 태도는 확연히 달라졌다. 어제의 경험이 그를 바꿔놓았던 것이었다. 누구보다도 일찍 일어나 누구보다도 먼저 숲을 빠져나가는 것은 바우였다. 그는 적극적으로 범골 이외의 계곡들을 탐색하고 다녔다.

　그러던 어느 날 아침, 바우는 범골의 능선에 서서 오늘의 목표지를 찾고 있었다. 저 멀리 우뚝 선 흰바위봉이 눈에 들어왔다. 범골의 멧돼지들은 금수산 흰바위봉을 경계로 여러 개의 깊은 골짜기로 이루어진 숲에서 살고 있었다. 어떻게 보면 그것은 멧돼지 무리에게 큰 울타리인 셈이었다.

오늘따라 바우는 흰바위봉 너머가 궁금해졌다. 오늘의 탐색 지역을 흰바위봉 너머로 정하자 긴장과 기대감이 몰려왔다. 바우는 능선을 타고 반대편의 봉우리로 달려갔다. 그 와중에 오늘의 활동을 하러 가는 범골의 멧돼지 일행들과 마주쳤다. 그들 중 하나가 쏜살같이 뛰어가는 바우에게 말을 건넸다.

"어? 바우, 어디 가?"

"응, 흰바위봉…."

간결한 대답만 흘리듯 뿌린 바우는 일행을 의식하지 않은 채 계속 흰바위봉으로 달려갔다. 그런 그의 모습에 동료 멧돼지는 혼자 중얼거렸다.

"거기는 아무도 안 가본 곳인데…. 굳이 그곳까지 가지 않아도 이곳만으로 충분하지 않나?"

멀리서 큰그림자가 모든 걸 지켜보고 있었다.

능선을 따라 올라가는 길은 만만치 않았다. 사람들의 냄새를 피하다 보니 험한 낭떠러지가 연달아 있는 곳을 달려야 했기 때문이다. 아무도 왔던 흔적이 없는 숲을 헤치고 길을 내며 나가는 것이라 배로 힘이 들었다.

힘이 부칠 때마다 바우는 잠시 멈춰 서서 흰바위봉을 바라봤다. 목표가 조금씩 가까이 다가오는 걸 보며 다시금 능선 하단부를 따라 뛰어갔다. 눈앞에 흰바위봉이 나타나자 바우의 발걸음에 힘이 붙기 시작했다.

드디어 인적이 끊긴 흰바위봉의 정상에 하나의 강인한 생명이 서게 되었다. 아래를 내려다보자 금수산의 모든 골짜기와 저 멀리 도도히 흐르는 강줄기가 보이고 골짜기 끝의 민가들도 눈에 들어왔다. 순간 이 골짜기의 모든 것을 안은 듯한 행복감이 밀려왔다.

그런 행복감도 잠시, 지나친 노출이 위험하다는 것을 알고 있던 바우는 서둘러 반대편 골짜기로 달렸다. 골짜기를 내려가는 길에서는 강이 시야에 들어왔다. 여기저기 산밤나무들이 숲을 이룬, 먹이가 매우 풍족한 골짜기란 생각이 들었다. 갑자기 꿩 한마리가 요란스럽게 날아올랐다.

그 순간 수풀 속에서 여러 마리의 낯선 멧돼지들이 모

습을 드러냈다. 순간 바우는 긴장을 한 채 걸음을 멈추고 그들을 바라봤다.

 자신들의 영역을 침범한 낯선 동족의 출현에 그들은 위협이 섞인 눈빛을 보내며 경계했다.

 잠시 긴장감 가득한 대치가 이어졌다. 그 불편한 침묵을 깨며 무리의 뒤에서 회색 털을 가진 거구의 멧돼지가 천천히 앞으로 나왔다. 깊고도 날카로운 눈빛을 지닌 회색 멧돼지는 한눈에도 그 무리의 대장으로 보였다. 주의를 끄는 깊고도 무거운 목소리로 회색 대장멧돼지가 말문을 열었다.

"너는 어디에서 온 놈이냐?"

 호흡을 가다듬고 바우가 대답했다.

"저는 흰바위봉 너머 범골에 사는 바우라고 합니다. 이곳에 사는 이웃들과 이곳의 생활이 궁금해서 홀로 이곳에 왔습니다."

 바우의 이야기를 들으며 여기저기를 살펴보던 회색 대장멧돼지는 다소 안심이 되는 눈빛으로 질문을 이었다.

"네가 사는 범골은 어떤 곳이냐? 그곳의 이야기를 해보거라."

대장멧돼지의 질문 속에 흐르는 호감을 눈치챈 바우는 범골의 이야기며 농장생활의 경험 등 그들이 신기해하고 좋아할 이야기를 풀어놓기 시작했다. 이야기를 들으며 서서히 적대감과 긴장을 풀기 시작한 밤골의 멧돼지들은 앉거나 누워서 바우의 이야기를 들었다. 낯선 침입자의 등장에 어린 멧돼지들과 몇몇 어미 멧돼지들이 숲 속에 숨어 있다가 긴장을 풀고 바우의 주변으로 모여드는 것도 보였다. 그 무리의 맨 앞에는 털이 유난히 반짝이는 암멧돼지 한 마리가 있었다. 호감 어린 눈빛을 하며 이야기에 푹 빠져든 게 바우의 눈에 들어왔다. 이야기가 끝나자 밤골의 멧돼지들은 바우의 옆으로 다가와 코로 몸을 비비며 호감을 표했다.

잠시 후, 회색 대장멧돼지는 무리들에게 큰소리로 말했다.

"이 바우란 친구는 매우 재미있는 이야기를 가진 녀석인 것 같다. 오늘부터 이 녀석을 우리들의 친구로 받아들이겠다."

그 말이 떨어지자마자 여기저기서 발과 코를 쿵쿵대며 호감과 동의의 표현을 하는 소리가 골짜기를 시끄럽게 매웠다.

밤골의 무리들은 바우의 등장으로 잠시 멈췄던 먹이활동을 위하여 골짜기를 내려가기 시작했다. 하지만 다른 동료 멧돼지들의 이동에 아랑곳하지 않고 홀로 남아 바우를 쳐다보는 멧돼지가 있었다. 바우가 이야기를 하는 내내 맨 앞에 앉아서 듣던 반짝이는 털의 바로 그 암멧돼지였다.

그녀가 먼저 말을 걸었다.

"이야기 재미있게 들었어. 내 이름은 달빛이라고 해. 네가 사는 골짜기의 이야기를 앞으로도 자주 들을 수 있니?"

바우 또한 아름다운 털을 지닌 달빛에게 호감을 느끼던 터라 흔쾌히 그러겠다고 했다.

그날 그들은 해가 머리를 지나 산 너머에 걸릴 때까지 서로의 경험에 대해 이야기하며 시간을 보냈다. 해가 강을 적시며 저 멀리 산 너머로 넘어가기 시작하자 바우는 달빛에게 작별인사를 하고 범골로 발걸음을 돌렸다.

범골로 돌아온 바우는 그날 아침 자신과 만났던 멧돼지들에게 오늘 자신이 경험한 밤골 멧돼지들의 이야기를 들려주었다.

범골에 만족하며 살아가던 그들로서도 반대편 다른 골짜기의 이야기는 매우 흥미로운 소식이었다.

바우의 이야기가 끝나자 뒤에서 그의 이야기를 듣고만 있던 큰그림자가 바우에게 다가왔다. 바우는 큰그림자를 보자 흥분감을 감추며 그의 표정을 살폈다. 자신의 행동이 바람직한 일이었는지 궁금했기 때문이다.

"큰그림자님, 제 이야기를 듣고 계셨군요. 저희들의 영역을 넘어 다른 멧돼지들의 영역까지 갔다 와서 죄송합니다."

"아니다. 너는 지금 '주인으로서의 삶'을 누구보다도 잘 실천하고 있다. 언젠가 내가 너에게 이야기했었지. 남들보다 잘하는 것보다 남과 다른 차별적 역량을 가지라고. 그동안 이 범골의 멧돼지들은 우리의 영역 내에서, 환경의 변화에 적응하며 사는 것에만 익숙해져 있었다. 물론 만족스러운 날도 많았지만 불편한 일도 매년 반복되었지. 그 누구도 너처럼 흰바위봉 너머에 관심을 가지고 달려간 적이 없었다. 우리들이 매일 아침마다 반복적으로 행하던 익숙한 영역에서의 삶을 깨고, 새로운 곳으로 가 새로운 관계를 맺고, 새로운 삶의 정보와 새로운 너만의 길을 만든 것은, 바우 너의 삶을 성공으로 이끄는 바람직한 행동이다. 너만의 차별적인 경험이 언젠가 큰 힘이 되어 줄 것이다."

바우는 칭찬에 고무되어 겸연쩍은 표정을 지었다.

다음날도 바우는 자신이 만든 길을 따라 밤골로 넘어갔다. 그날도 그를 환대하는 달빛과 세상의 경험을 공유하는 시간을 보내다 돌아왔다.

그후, 바우의 잦은 방문은 밤골 멧돼지들과 신뢰를 깊게 하는 계기가 되었고, 특히 달빛과는 깊은 감정을 느낄 기회를 만들어 주었다.

가을이 끝으로 향할수록 범골과 밤골의 멧돼지들의 표정엔 긴장이 흘렀고 먹이활동을 위하여 더욱 분주하게 움직였다. 가끔씩 밤골로 넘어가더라도 달빛과 그 무리들을 만나지 못하고 오는 경우도 자주 생겼다.

밤골과 범골을 넘나든 바우의 행보는 그의 인식의 폭을 확장시켰고, 바우에게 보다 넓은 세계를 접할 수 있는 기회를 제공했다.

흰바위봉을 중심으로 범골과 밤골 사이에는 바우가 만

든 길이 점차 반들반들하게 났다. 그 길은 그에게 넓은 세상을 향한 다리 역할을 하고 있었다.

09
변화하는 환경

        시간이 지날수록 바우의 적극적인 태도와 세상에 대한 트인 인식은 행동에서 품격을 싹 틔우기 시작했고, 그의 당당한 모습에서는 신뢰를 이끌어내는 카리스마가 뿜어져 나오기 시작했다.

  넓은 세상을 경험하고, 그 경험에서 비롯된 자기자신과 세상에 대한 강한 신념에서 우러나오는 참된 카리스마를 지니게 된 바우를 동료 멧돼지들은 차츰 신뢰하며 따르기 시작했다. 그의 주변에는 시간이 갈수록 많은 멧돼지들이 모여들었다.

그것은 바우의 적극적인 세상 경험과 그 경험에서 얻은 지혜를 주변의 동료들과 공유하는 건강한 태도가 낳은 자발적 추종의 풍경이었다.

바우가 새로운 깨달음, 새로운 세상과의 관계 확대의 시간을 보내는 와중에, 가을은 그 찬란했던 기세를 겨울에게 내주고 있었다. 이제 풍요롭던 가을의 숲은 서서히 배고픔의 숲으로 변하고 있었다.

시간이 지날수록 산을 채색하던 가지각색의 단풍들이 떨어지고 숲은 속살을 훤히 내비치기 시작했다. 바우들의 먹잇감도 날이 갈수록 줄어들었다.

바우는 그를 믿고 따르는 일행을 이끌고 새벽부터 범골 너머의, 사람들이 사는 마을 가까운 곳까지 내려가 먹잇감을 보충하고 오기 시작했다.

인가 근처에서의 먹이활동은 사람들과 가까이 생활했던 바우만이 지휘할 수 있는 일이다. 그는 사람들과 공존하는 법을 알고 있었다. 과수원에 매달린 과일을 따먹고, 잎이 아직 푸른 줄기가 밭을 덮고 있을 때 고구마를 캐 먹으면 사람들이 분노한다는 것을 알고 있었다. 그는 서리가 오고, 들판이 추수 후 조용해질 때까지 동료들이 인가 부근의 먹이에 접근하지 못하게 막았다.

추수가 끝나자 바우는 비로소 과수원과 고구마 밭으로 무리를 데리고 갔다. 추수가 끝난 후라 사람들의 경계가 덜하였고, 과수원과 고구마 밭에는 상품성이 없어서 버려진 사과와 고구마들이 널려 있었다. 사람들의 관심 밖으로 버려진 먹이들은 멧돼지들에게 안전하고 고마운 영양 보충제였다.

먹이 욕심에 무리하게 인가 근처까지 내려갔다가 사람들의 원성을 사고 희생당하던 멧돼지들이 매년 있었다. 하지만 바우의 지혜를 나누자 그 비극이 줄어들었고, 주변의 나이든 원로 멧돼지까지 바우를 따라 먹이활동에 나서기 시작했다.

어느 날 새벽, 하얀 눈이 온 산야를 뒤덮고 있었다. 어제까지만 해도 숲은 누런 속살로 동물들에게 은신처를 제공해주었지만, 첫눈이 내린 오늘은 멧돼지들의 움직임이 멀리서도 확연히 보였다. 여기저기서 나이 먹은 멧돼지들이 웅성거리는 것이 보였다.

 올여름에 태어나 아직 갈색 줄무늬도 가시지 않은 어린 새끼 멧돼지들은 마냥 신이 나는 풍경인 듯 여기저기를 펄쩍이며 돌아치고 있었다.

 그날 오후, 큰그림자가 조용히 바우를 불렀다.
 "바우야, 이제 우리가 이동할 때가 됐구나. 이렇게 눈이 오면 더 이상 이 범골은 안전한 곳이 못 된다. 먹잇감은 줄고 우리의 생존을 위협하는 사람들의 눈에 쉽게 띄기 때문이다. 네가 이 무리를 이끌고 이곳을 떠나 더 깊고 험한, 인간들이 우리들을 추적할 수 없는 곳으로 가거라!"
 바우는 묵묵히 듣고만 있었다. 이제는 보다 지혜로워진 그였기에 큰그림자의 이야기가 무엇을 의미하는지 어렴풋이나마 알기 때문이다. 하지만 약간의 의문이 남아 큰그림자에게 물었다.
 "큰그림자님, 가을 동안 우리는 충분히 영양을 섭취했고, 이곳 범골의 지리는 인간보다 우리들이 더 잘 알고 있는데, 사람들의 위협이 있다 해도 충분히 피할 수 있지 않나요? 굳이 다른 곳으로 갈 필요가 있을까요?"

"바우야, 저 숲 속에 서 있는 자작나무들을 보거라. 대부분의 나무들이 우아한 색을 하고 기품 있게 서 있지만 몇몇 나무들은 죽어서 쓰러져 있기도 하지. 저 죽은 나무와 살아 있는 나무의 차이가 무엇인지 아느냐?"

"……"

바우는 답을 하지 못한 채 큰그림자의 얼굴만 쳐다보고 있었다.

"쓰러진 나무는 껍질을 감은 채 저렇게 숲 속에 누워 썩어간단다. 그러나 내년의 성장을 기약하는 나무는 가을이 되면 껍질을 벗고 미래를 준비하지. 내일이 있는 자는 오늘의 껍질을 스스로 벗을 수 있는 자다. 우리도 내년의 삶을 꿈꾼다면 어제의 껍질을 벗고 새로운 삶을 만들어 적응해야만 한다. 우리들 또한 봄이 되면 우리의 낡은 털을 이 자연에 돌려주지 않더냐. 우리가 한철을 은거했던 이 금수산 범골은 한철의 고마운 껍질이고 털이었다. 그러나 변화가 시작되는 지금 어제의 익숙했던 껍질에 연연한다면 내년의 새로운 성장과 생존은 기대할 수 없다. 자연은 항상 모든 생명 있는 것들에게 새로운 질서를 요구하지. 오늘의 질서는 내일이면 묵은 껍질로 사라지고 말 것이다.

기존의 질서를 새롭게 하거나 새로운 질서를 만드는 자에게만 이 자연은 숲의 주인으로서의 삶을 허락한단다."

"……."

"……."

"……."

"……."

"……."

두 존재 사이에 말없이 침묵만 흐르고 있었다. 경험의 시간은 다르지만 공감과 신뢰의 파동은 같은 맥으로 서로의 마음속에 흐르고 있었다.

큰그림자의 당부를 들은 바우는 심적 부담을 안은 채 자신의 보금자리로 돌아와 생각을 정리하기 시작했다. 그러나 자유의 숲에서 겨울을 처음 보내는 그로서는 사람들이 숲을 위협한다는 것이 과연 어느 정도인지 잘 가늠이 되지 않았다.

갑자기 그는 밤골 멧돼지들의 이야기가 듣고 싶어졌다. 그들은 이 상황을 어떻게 이해하고 어떻게 대응하는지 궁금했다. 몸을 일으켜 세운 바우는 밤골로 뛰어가기 시작했다.

눈길을 뚫으며 힘겹게 밤골에 도착했다. 그런데 밤골의 멧돼지들은 모두 어딘가로 이동할 준비를 하던 참이었다. 마침 바우에게 알리지 못하고 떠나는 것을 안타까워하던 달빛이 그를 보자 반가운 듯 한걸음에 달려 왔다. 그리고는 사람들의 위협을 피해 지금 새로운 거처로 이동중이란 말을 전했다. 이야기 할 시간이 얼마 없는 것을 눈치챈 바우가 달빛에게 궁금한 것을 물었다.

"어디로 가는 게 가장 안전한지 너희는 아니?"

그 말에 마침 잘됐다는 듯 달빛은 자신들의 지혜를 이야기해주었다.

"가장 안전한 곳은 저 강 건너에 있는 달빛산이야. 그곳에 사람들이 들어오기 힘든 벼랑으로 둘러싸인 깊은 골짜기가 있단다. 강을 건너면 그 골짜기로 이어지는 작은 벼랑길이 있는데, 우리는 내일 밤 저 강을 건너서 벼랑길 끝에 숨겨져 있는 달빛산의 안전한 골짜기로 들어가 한철을 보낼 예정이야. 너희들도 그곳으로 오면 겨울을 보내는데 문제가 없을 거야."

바우는 왜 굳이 차가운 강을 건너려는 것인지 이해가 되지 않았다.

"달빛아, 왜 굳이 차갑고 건너기도 힘든 강을 건너가려고 하니? 그냥 산자락을 따라서 상류의 작은 여울을 건너서 가는 것이 더 쉽지 않니?"

달빛은 바우가 모르던 이야기를 들려주었다.

"바우야, 우리도 오랫동안 네 생각처럼 편한 길을 찾아서 마을이 있는 상류 쪽으로 이동을 하곤 했었어. 그런데 사람들이 점차 우리의 이동로를 파악하고 그곳에서 우리를 기다리고 있었어. 소위 목이라는 곳이야. 몇 년 전 우리는 여느 해와 마찬가지로 그곳으로 들어섰다가 사냥꾼들에게 들켜서 큰 희생을 치렀단다. 그해 겨울 많은 동료들이 강을 건너지 못하고 그곳에서 생을 마쳤어."

달빛은 어두운 표정으로 산자락을 잠시 쳐다보았다.

"그때는 내가 태어난 지 채 일 년이 안 된 때라 나는 엄마 뒤를 따라 그곳으로 이동을 하던 중이었어. 그날 엄마를 사냥꾼의 손에 잃었단다. 그때 우리가 얻은 지혜는 누구나 예측하는 편한 곳에는 생명의 길이 없다는 거야. 그 후로 우리들은 겨울이 시작되면 힘들고 차갑지만 저 달빛강을 건너서 달빛산으로 들어가곤 했어. 누구나 아는 길은 세상에서 가장 위험한 길이야. 아무도 생각하지 못한 길에 답이 있어. 누구나 다 아는 그 목으로 달려가면 안 돼. 춥고 힘들어도 세상이 생각하지 못하는 너만의 길을 찾고 그 길로 나아가길 바라."

바우에게 그녀가 경험한 일을 들려준 달빛은 그를 기다리는 일행의 눈초리를 의식한 듯 천천히 일행 쪽으로 발걸음을 돌렸다.

회색 대장멧돼지를 선두로 밤골 멧돼지들이 하나 둘 골짜기 아래로 사라졌다. 그 일행의 맨 뒤에서 달빛이 아쉬운 듯 바우를 계속 돌아보는 것이 눈에 들어왔다.

달빛의 이야기를 들은 바우는 눈으로 직접 그들이 가는 곳을 보고 싶어졌다. 바우는 밤골 멧돼지들의 뒤를 따랐다.

그날 밤, 차가운 달빛강을 건넌 일행은 달빛산의 깎아지른 두 개의 능선으로 둘러싸인 너른 골짜기의 월동처에 도착했다. 둘러보니 사람들의 접근이 어려워서 그런지 수풀이 우거졌고, 주 골짜기를 따라 작은 계곡들이 여기저기로 뻗어 있었으며 칡넝쿨과 산밤, 월동을 위하여 숨어든 개구리와 가재들이 여기저기에 넘쳐흘렀다. 생각보다 골짜기 안이 넓고 먹잇감도 풍부하여 범골 멧돼지들이 합류해도 밤골 멧돼지와의 갈등은 없을 듯 보였다. 월동지를 미리 탐사한 바우는 달빛강을 건너 다음날 저녁 늦게 범골로 돌아왔다.

바우는 큰그림자의 판단이 옳다고 확신하며 범골의 멧돼지들이 주로 모이는 찔레덩굴 숲으로 들어섰다. 서로 몸을 의지하며 추위를 녹이던 동료 멧돼지들이 핼쑥한 모습으로 돌아온 바우를 반겼다.

바우는 모두 모여 있는 걸 보고 마침 잘 됐다고 생각하며 그들에게 지난 며칠 동안의 이야기를 들려주고, 겨울의 배고픔과 인간의 위협을 피하기 위한 이주의 필요성을 설명했다.

무리들이 동요하기 시작했다.

그중 몇몇 젊은 멧돼지들은 갑작스러운 이동 주장에 대하여 거부반응을 보이기 시작했다. 갈색 털의 젊은 멧돼지가 일어나더니 바우를 보며 자신의 주장을 펴기 시작했다.

"나는 안 갈 것이오. 이 정도의 골짜기라면 사람들도 오기 힘들 것이고, 근처에 사람들의 농장이 있어서 배고픔도 면할 만 하오. 나는 여기에 머물 것이오. 나와 남고자 하는 자는 이리로 오시오."

바우와 갈색 멧돼지의 상반되는 주장에 멧돼지들이 수런거리며 동요하기 시작했다. 잠시 후 몇몇 젊은 멧돼지와 변화가 두려운 나이든 멧돼지들이 일어서더니 범골에 남기를 주장하는 갈색 멧돼지 쪽으로 모였다.

다행스러운 것은 대부분의 무리가 바우에 대한 신뢰를 보내며, 바우의 의견에 동의한 것이다. 바우로서도 잔류파의 의사를 돌릴 방법은 없었다. 야생의 삶은 자신이 결정하고 자신이 책임지는 삶이다. 그들은 지금 변화를 두려워하고 있고, 설마라는 생각에 지배당하고 있었다.

그날 밤, 바우는 이주에 동의하는 무리들과 힘을 합쳐 이동 준비를 했다.

바우는 출발에 앞서 긴장한 동료들 앞에 서서 신념을 다지는 출정의 변을 펼쳤다.

"여러분, 지금 우리는 겨울이라는 변화의 계절을 맞이하고 있습니다. 어제의 안락하고 풍요로운 자리는 더 이상 여기에 존재하지 않습니다. 과거에 대한 기억은 지워 버리시기 바랍니다. 우리에게 중요한 것은 미래에 대한 희망입니다. 우리는 저 멀리 보이는 달빛산의 계곡으로 들어갈 것입니다. 힘은 들겠지만 그곳에는 안전하게 겨울을 지낼 수 있는 터전이 우리를 기다리고 있습니다. 우리는 그곳에서 이 춥고 배고픈 계절의 위협을 이겨낼 수가 있을 것입니다. 중요한 것은 이런 비전에 대한 여러분의 확신입니다. 믿는 자만이 꿈을 이룰 것입니다. 여러분! 우리의 결단을 믿고 그곳에서의 삶을 위해 이제 출발합시다!"

불안함이 가시지 않았던 무리들은 바우의 이야기를 들으며 새로운 희망에 대한 믿음으로 눈을 빛내기 시작했다. 잔류파에 남아 있던 몇몇 멧돼지가 바우의 연설을 들은 후 슬그머니 이동하는 무리 쪽으로 옮겨오는 것도 보였다. 멀리서 이런 광경을 지켜보던 큰그림자의 얼굴에 미소가 떠올랐다.

끝까지 잔류를 고집하는 몇몇 멧돼지를 제외하고 그들은 달빛산을 향하여 출발했다.

이번 이동 사건은 바우가 금수산 범골 멧돼지 무리의 리더로 자리매김하는 계기가 되었다.

다음날 새벽, 범골 멧돼지 일행은 달빛산의 주봉이 저 멀리 보이는 강 근처의, 사람들의 집이 몇 채 보이는 야산까지 이동했다. 사람들을 경계하느라 낮 동안은 숲 속에서 조용히 머물던 멧돼지 무리는 어둠이 깔리자 바우가 앞장서서 차가운 강을 헤엄쳐 건너기 시작했다.

바우 일행이 달빛산의 깊은 골짜기로 들어간 것은 범골을 떠난 지 이틀이 된 무렵이었다.

바우는 동료들을 재촉하여 달빛이 알려준 안전한 골짜기로 향하였고, 마침내 그녀의 내음이 물씬 풍겨 나오는 골짜기에서 밤골의 무리들과 합류할 수 있었다.

그들이 도착하자 밤골의 멧돼지들은 긴장한 눈빛으로 경계했지만, 바우의 일행임을 알아본 회색 대장멧돼지와 달빛이 나서서 그들을 한철의 동지로 반가이 맞아주었다.

그해 겨울, 바우 일행은 달빛산 주봉 아래의 덩굴이 우거진 골짜기에서 무사히 겨울을 이겨냈다.

다음 해 봄.

눈이 녹고 저 멀리 금수산으로부터 봄바람이 불어오기 시작하자 범골과 밤골의 멧돼지들은 함께 강을 건너 그들의 보금자리인 금수산으로 돌아왔다.

다시 돌아온 산에는 큰그림자의 예언대로 인간들의 냄새가 여기저기에서 났다.

지난겨울, 바우 일행이 떠나고 폭설이 내리자 먹잇감을 찾아 마을 근처까지 내려갔던 잔류파 멧돼지들은 사냥개를 앞세운 전문 사냥꾼을 만나게 되었고, 그해 겨울 내내 이동로를 차단당한 채, 대다수가 그 골짜기에서 사냥꾼의 표적이 되고 말았다. 잔류하였던 십여 마리의 무리 중 살아남은 멧돼지는 세 마리뿐이었다.

겨우 생존한 멧돼지들은 피로와 후회의 감정이 뒤섞인 얼굴을 한 채 바우 일행에게 그들의 시련을 들려주었고, 바우 일행은 안타까운 마음으로 그들의 슬픈 이야기를 묵묵히 들었다.

그것은 현실 안주를 택한 그들이 감수해야 할 되돌릴 수 없는 냉정한 결과였다.

범골에는 지난겨울의 묵은 질서가 아픔을 안은 채 사라지고, 새로운 질서를 기다리고 있었다.

그 중심에는 바우가 있었다.

10
홀로 선 자들의 숲

　　　　　　범골에 몰려왔던 지난겨울의 고통을 모르는 듯 숲은 봄이 되자 신록의 희망이 넘쳐났다.

　바우는 지난겨울, 달빛산 골짜기에서 함께 생활을 하며 사랑이 깊어진 달빛과 짝을 이루었다. 여름에는 달빛과의 사이에서 건강한 아기 멧돼지들이 태어났다.

　지난겨울, 그가 보여준 통솔력과 지혜를 통해 모든 멧돼지들이 그를 범골의 리더로 인정했다. 그가 변화하고 성장하는데 멘토가 되었던 것은 물론 큰그림자다. 하지만 리더로 훌륭하게 자리 잡은 바우에게 큰그림자는 차츰 거리를 두기 시작했다. 단지 무리의 원로로서 멀리서 지켜보기만 했다.

큰그림자가 범골에서 사라진 것은 그해 늦은 여름이었다.
 어느 저녁, 먹이활동의 노곤함으로 깊은 잠에 빠진 바우를 누군가 깨웠다. 바우는 잠결에 눈을 뜨고 그 물체를 올려다보았다. 그것은 그 옛날 처음 만났을 때의 위풍당당하고 위협적인 모습의 큰그림자였다.
 "큰그림자님! 웬일로 이 밤중에…."
 "바우야, 나는 이제 떠날 것이다."
 "예? 그게 무슨 말씀이세요?"
 "나는 떠나지만, 네 속에서 영원히 머물 것이다. 내가 보고 싶으면 네 마음 깊은 곳을 향하여 말을 걸어라. 이제 그 속에 있는 내가 답을 할 것이다."
 "안 됩니다, 큰그림자님! 여기서 저와 함께 머무셔야죠."
 그 말이 채 끝나기도 전에 큰그림자는 바우의 가슴을 향하여 뛰었다.
 "으악!"

놀라 소리를 지르며 눈을 뜨니 꿈이었다. 너무도 생생한 꿈이어서 바우는 어둠이 깔린 숲을 바라보며 상념에 잠겼다. 숲에는 빗방울이 후두둑, 거리며 뿌려대고 있었다.

그 심란한 꿈을 꾼 다음 날, 바우를 더욱 놀라게 한 것은 큰그림자가 진짜로 숲에서 사라지고 없는 것이었다.
그 누구도 큰그림자가 어디로 갔는지 모르고 있었다. 바우는 한동안 큰그림자의 흔적을 찾아서 무리들과 함께 이 골짜기 저 골짜기를 찾아 헤맸지만 어디에서도 그의 흔적을 찾을 수 없었다.
그가 사라지고 가을로 접어든 어느 보름날, 바우는 큰그림자를 생각하며 산야를 비추고 있는 보름달을 허탈한 마음으로 바라보고 있었다.
그런데 놀랍게도 그 달 속에 큰그림자의 얼굴이 살아서 바우를 내려다보고 있었다.
"바우야, 내가 이야기하지 않았느냐. 나는 너의 가슴속에 살아 있을 것이라고. 나는 네 가슴속에 숨 쉬는 용기와 변화의 의지란다."
"큰그림자님!"

바우가 저도 모르게 달을 향하여 소리치며 앞발을 허우적댄 순간, 그곳엔 밝은 보름달과 스쳐가는 바람소리만이 그 숲의 적막을 깨고 있었다.

생시 같은 환상을 본 바우는 멍하니 달을 바라보았다. 그 달 속에서 큰그림자와 함께 했던 지난 추억들이 하나씩 스쳐 지나가기 시작했다. 그 순간 바우의 마음에 평화가 찾아오고, 얼굴에는 편안한 미소가 떠올랐다.

바우는 비로소 큰그림자가 자신의 가슴속에 살아 있는 건강한 야성의 다른 이름이란 것을 이해했다. 큰그림자를 찾아 밖으로 헤매는 것이 그 분에 대한 참된 예의가 아니라는 생각도 들었다. 바우는 달을 보며 중얼거렸다.

"알겠습니다, 큰그림자님! 이제야 비로소 알았습니다. 당신은 본래 제 속에 머물던, 스스로 주인의 삶을 꿈꾸게 하고 완성하게 해준 용기와 의지의 화신이었음을!"

그 이후로 바우는 아이 멧돼지들이 '큰그림자 할아버지는 어디로 가셨어요?' 하고 물을 때마다 아이들의 가슴속을 가리키며 미소를 짓곤 했다.

'언젠가 저 아이들도 알 것이다. 그들 속에 숨어 있는 삶

의 투지로 가득 찬 큰그림자의 실체를.'

 큰그림자가 홀연히 사라짐으로 인하여 뒤숭숭하던 범골에도 다시 평화가 깃들기 시작했다. 모두들 큰그림자의 의미를 이해하며 다시금 바우를 중심으로 일상의 삶으로 돌아갔다.

 그로부터 한 달이 지난 어느 날 밤이었다. 그날도 숲에는 고요한 봄바람만이 봄밤의 나른한 평화와 함께 숲을 어르며 뛰놀고 있었다.
 그때 저 멀리서 누군가가 다가오고 있는 것이 보였다. 바우는 한눈에 그것이 큰그림자란 것을 알았다. 너무 반가워 벌떡 일어선 바우는 큰그림자에게 뛰어갔다.
 "큰그림자님! 어디 계시다 오셨어요? 모두들 얼마나 보고 싶어했는지 아세요?"
 큰그림자는 말없이 잠자코 바우를 보기만 하고 질문에 아무 대꾸도 않은 채 조금 전에 왔던 숲으로 되돌아 걸어가기 시작했다. 뒤를 힐끗 쳐다보며 바우에게 따라오라는 눈짓을 보내고 있었다.
 바우는 묵묵히 따라 나섰다. 그들이 도착한 곳은 바우

와 인연이 깊은, 농장이 내려다보이는 너럭바위였다. 큰그림자는 아래를 뚫어져라 쳐다보기 시작했다. 바우도 궁금하여 고개를 빼고 아래를 봤다. 어둠 속에서 환하게 불을 밝힌 농장이 보이고 돼지들이 불안 속에서 내지르는 시끄러운 소리들이 들려오기 시작했다. 바우는 고개를 돌려 큰그림자에게 농장의 소란에 대하여 묻고자 했다. 고개를 큰그림자에 돌린 순간이었다. 갑자기 큰그림자는 바우를 너럭바위 밑으로 밀어 떨어뜨렸다.

"우악!"

자신의 놀란 소리가 메아리처럼 들려왔다.

'쿵' 하는 소리와 함께 바우는 눈을 떴다. 바우는 소나무 밑동이에 머리를 부딪친 채 하늘을 쳐다보고 있었다. 꿈이었다. 하지만 생시처럼 식은땀이 흐르는 꿈이었다.

꿈을 되새기던 바우는 이내 몸을 일으켜 숲을 빠져나가 걸어갔다. 꿈이 뭔가를 의미하는 것만 같았기 때문이다.

바우는 꿈에 나온 금수산 돼지농장으로 향했다. 먼동이 터오자 숲에는 새벽안개가 자욱하게 밀려오기 시작했다. 바우는 너럭바위에 도착해 농장을 바라봤다.

저 멀리서 안개를 뚫고 올라오는 트럭의 요란스런 소리가 들렸다. 농장에 도착한 트럭에서 내린 인부 몇몇이 뽀얀 색의 돼지들을 이리저리 몰아서 차에 태우기 시작했다. 반항하는 돼지들에게는 사정없이 몽둥이찜질이 가해졌다.

그때 유난히 큰 돼지 한 마리가 눈에 들어왔다. 처음에는 그 돼지를 알아볼 수가 없었다. 몸집은 컸지만 제법 날렵한 체구를 갖추고 있었기 때문이다.

그 돼지를 몰아서 차에 태우려는 순간, 그 돼지는 트럭 안에 설치된 울타리를 펄쩍 뛰어넘더니 숲으로 달아나기 시작했다. 너무도 날쌘 그 돼지의 행동에 바우도 긴장된 표정으로 주목했다.

인부들이 고래고래 소리를 지르며 그 돼지를 쫓았지만 날쌘 그 돼지를 잡을 수는 없었다. 고래고래 소리를 치던 사람들이 추격을 포기하고 트럭에 돼지를 실은 채 떠난 후 농장에는 다시 고요한 침묵만이 감돌았다.

바우의 얼굴에 환한 미소가 떠올랐다. 그 돼지의 정체를 알았기 때문이었다. 그것은 틀림없이 큰발이었다.

바우는 너럭바위를 내려와서 저 밑에서 씩씩대며 뛰어오는 큰발을 향하여 달려갔다.

이제 더 이상 그들은 그 옛날의 울타리 안에서 번민하고 갈등하던 나약한 집돼지가 아니다. 그들의 강렬한 눈빛과 붉은 피 속에는 살아 숨 쉬는 푸른 야성이 도도히 흐르며 맘껏 그 에너지를 분출하고 있었다.

　그들은 비로소 삶의 자유와 독립을 이루었고 그 자기다움을 유지하기 위한 야성적인 삶의 자신감과 투지, 그리고 그 투지를 표출할 수 있는 역량이란 야생력(野生力)을 갖춘 너른 숲의 주인들이 되어 있었다.

　그 가을 금수산은 단풍빛으로 온 산이 활활 타올랐다. 쾌청한 가을바람만이 자유를 만끽하며 내달리는 금수산의 멧돼지들과 더불어 숲의 고요를 깨고 있었다. 그것은 자신의 이름으로 홀로선 자들이 이 생명의 시간과 공간에서 엮어내는 완벽한 풍경이었다.

3부 깨달음의 숲

참 나의 리더십 실행전략

01 나를 둘러싼 환경을 분석하라!
02 나의 정체성에 질문의 불을 지펴라!
03 나의 가능성을 발견하고 확신하라!
04 잡다한 스펙을 버리고 나만의 차별적 핵심역량을 개발하라!
05 내 자리에서 영역이 자유로운 전문가가 되라!
06 지속적으로 세상을 통찰하고 준비하라!
07 내 안의 질서를 관리하라!
08 정보와 관계의 인프라를 지속적으로 만들어라!
09 환경의 변화를 긍정하고 수용하라!
10 내 안에서 꿈꾸고 내 안에서 실현하라!

01

나를 둘러싼 환경을 분석하라!

현대인의 삶은 잠시의 여유도 용납하지 않는 분주함의 연속이다. 어느 날 문득 뒤를 돌아보면 세월은 저만큼 가 있고 마음속에서는 쓸쓸한 바람이 인다. 무엇을 위해 살아왔고 무엇을 이루었으며 또 앞으로 무언가를 이루기 위해서 얼마만큼 가야 하는가를 생각하면 막막한 마음만 더할 뿐, 답답함에 생각을 말자며 다시 일상 속으로 빠져드는 자신을 발견한다.

마음의 눈을 모질게 뜨고 현실을 바라봐도, 눈을 감고

현실에 묻어가도, 나의 인생은 종착역을 향하여 조금의 거짓도 없이 소진되어 갈 뿐이다. 무섭게 달려가는 삶의 질주는 오직 너다움을 위한, 좀처럼 안정되고 만족되지 않는 불안과 불만의 미친 질주임을 발견한다. 자신의 가치관, 자신의 비전에 바탕을 두지 않은 삶의 열정은, 나다움이 아닌 너다움의 허무한 결과를 낳는다. 진정한 나의 삶을 향한 나다움의 질주를 잊은 시간, 우리들의 마음과 얼굴, 그리고 의식주에는 정체를 알 수 없는 너다움의 껍질이 더덕더덕 쌓여 있다.

나다운 삶에 대한 열정이 조금이라도 있다면 가끔은 잠시 호흡을 가다듬으며 지나온 길과 가야 할 길을 살펴볼 필요가 있다.

내가 가고자 하는 삶의 방향은 무엇이며, 그 삶의 목표와 현재의 나의 괴리는 무엇이고, 어떻게 그 격차를 매워야 하는지, 나를 둘러싼 환경을 냉정히 분석해 볼 필요가 있다.

내가 지금 어디에 서 있는지도 모르는 상태에서 전진을 계획할 수는 없다.

더 멀리 가기 위해, 후회 없는 삶의 길을 가기 위해 가끔은 삶의 산마루에 올라 내가 어디에 있는지를 스스로 상기시켜 볼 필요가 있는 것이다.

셀프 코칭

- 나의 삶에서 나는 지금 어디에 서 있는가?
- 지나온 시간은 후회 없는 시간이었는가?
- 지금처럼 살아도 후회하지 않고 이 세상을 떠날 자신이 있는가?
- 앞으로의 삶은 무엇을 계획하고 어떻게 살아가야 하는가?
- 지금 내가 준비해야 할 것은 무엇인가?

02
나의 정체성에 질문의 불을 지펴라!

　　　　　　　이 세상 모든 것이 야생에서 출발하였듯이 집돼지도 그 시작은 유라시아의 넓은 벌판에서 시작되었다. 그러나 인간에 의하여 사육되기 시작하면서 길들여지고 점차적으로 자신의 DNA가 변형되었다. 그들의 자주성을 상징하던 거친 털, 위협적인 이빨, 크고 탄탄한 주둥이가 점차 사라졌다. 그리고 그 모든 것들은 전설 속, 화석 속의 이야기로 남게 되었다.

　현대인들의 삶도 이와 같이 태초에는 푸른 야성의 DNA

로부터 시작되었다.

  누구나 패기와 야심으로 넘쳐흐르던, 젊은 날의 전설 같은 이야기 하나쯤은 가슴에 품고 있다. 그러나 무섭도록 서슬 퍼렇던 그 야성은 생존을 위한 자발적 절망과 길들여짐 속에서 한낱 잊혀진 전설이 되고 꿈으로 변질되어 간다.

  그나마 이 시대에 그 야성의 전설이 살아서 펄떡이는 곳은 어둠이 내린 도심의 뒷골목 포장마차와 호프집이다. 오늘도 현대인들은 마음 한구석을 차지하고 있는 삶의 허전함과 꿈틀거림을 소주 한 잔으로 달래며, 조여오는 시간의 압박감 속에서 자리를 털고 일어나 세상 속에 길들여지기 위해 다시금 걸어나간다.

  누구나 홀로 섬의 삶을 꿈꾸지만, 준비하지 않는다면 그것은 한낱 꿈에 불과하다. 그러나 준비하는 자에게 그것은 진행되고 있는 현실이다.

  홀로 섬의 삶을 꿈꾸는 현대인들에게 가장 중요한 것은 무엇일까?

  그것은 자신의 정체성에 대한 끝없는 고민이다.

  나는 누구인가? 나는 어떻게 살고자 하는가? 내가 가장 중시하는 삶의 가치는 무엇인가? 내가 나다움을 느끼는 삶은 어떤 순간이며 어떤 모습인가? 나는 이 세상에 어떻게 기억되기를 바라는가? 나의 가능성은 무엇인가?

자신의 정체성을 찾아가는 이런 본질적 질문의 작업은 빛을 만들고 길을 만든다. 홀로 섬을 위한 구체적 설계는 자신의 현재적, 미래적 정체성에 대한 윤곽을 정립한 후에야 가능하기 때문이다.

우리는 깨어 살아야 한다는 말을 자주 듣는다. 깨어 산다는 것은 결국 참된 자신에 대한 질문의 화두를 놓치지 않는 일이다.

모든 생명의 진화와 발전은 질문의 물방울로부터 시작되었다. 우통수(강원도 평창 오대산의 산샘, 한강의 발원지)의 물방울 같은 질문이 당신의 가슴을 적시는 한 당신은 결국 한강을 이루고 바다에 이르는 삶을 경험하게 될 것이다.

도전적 질문이 없는 개인과 조직은 결코 새로운 발전의 길, 변화의 길을 찾을 수 없다. 당신을 지배하는 오늘의 질문은 무엇인가? 혹시 나의 삶을 움직일 질문이 어느 구석에서 먼지 쌓인 채 나뒹굴고 있는 것은 아닌지 바로 지금 이 순간, 이 자리에서 되짚어볼 일이다. 내일은 늦을 것이다.

셀프 코칭

- 내가 이루고자 하는 삶의 모습은 무엇인가?
- 내가 가장 중시하는 삶의 가치는 무엇인가?
- 지금 이대로 산다면 10년 뒤 나의 모습은 어떤 것일까?
- 나는 세상에 어떤 사람으로 기억되기를 원하는가?
- 내가 원하는 삶을 향하여 지금 나는 나아가고 있는가?
- 나는 지금 그 삶을 위하여 무엇을 준비하고 있는가?

03

나의 가능성을 발견하고 확신하라!

현대인들은 일할 직장을 자신이 선택한다. 그 직장에서 패기 넘치고 의욕을 보이며 사회생활을 시작하지만, 시간이 흐르면 본래의 자주성을 망각하고 자신이 선택한 조직의 울타리 안에 안주하면서, '나는 갇혀 있다'고 외치는 모순 속의 삶을 산다. 한 발짝만 물러서서 바라보면 지금의 이 삶은 누가 강요한 것도 아니며 자신이 선택한 길인 것을 쉽게 알아챌 수 있다.

현대인들은 조직이 자신에게 비전을 주기를 기대한다.

그러나 조직의 피라미드식 계층 구조나 짧은 생명주기 측면에서 그것은 한계가 있다. 조직은 다만 환경을 제공할 뿐이다. 그 환경 속에서 비전을 만들어 가는 것은 자주적 자기경영의식을 지닌 개인의 몫이다.

진정한 자주성은 감성적 흥분에 기반을 둔 열정도, 타인에 의하여 선동되어진 믿음도 아니다. 그것은 자신에게만 존재하는 '건강한 독특성'이란 강점을 발견하고 개발하는 데 있다.

자발적 의지에 의하여 자기 정체성을 확립하고 자신만의 독특한 가치를 발견하는 순간 한 인간은 비로소 건강한 자존감을 회복하게 된다.

건강한 자존감이 한 생명을 감싸는 순간 모든 것은 혼돈에서 질서로 향하고, 밖에서 헤매던 비전은 오롯이 한 생명의 내면에 깊게 자리를 잡고 삶을 불태우게 한다.

나의 삶은 자주적인지, 지금의 삶은 누가 결정한 것인지, 내가 지닌 무한한 가능성은 무엇인지, 나만의 강점은 무엇인지 되돌아보는 시간이 현대인에게 필요하다. 그것은 눈치 볼 일이 아니다. 이 우주의 질서를 떠받치는 모든 생명의 신성한 소명이다.

모든 생명은 우주의 한 부분을 이루기 위해 태어난 존재다. 모든 생명은 자신의 뜨거운 심장을 두근거리게 하는 자신만의 소중한 것을 위하여 살 가능성과 권리를 가지고 태어난다.

그 누구도 당신을 폄훼할 수 없고, 당신을 지배할 수 없다. 오로지 당신의 신성한 소명만이 당신의 무한한 가능성의 에너지를 기반으로 당신을 지배할 뿐이다.

당신의 심장을 뛰게 하는 가장 소중한 그것을 위하여 삶을 새롭게 설계하고 지금 여기서 그 삶을 살아야만 한다. 삶의 99%가 지나고 단 1%만이 남았을지라도 그 1%의 위치에서 참된 주인으로서의 의무와 권리를 100% 다 해야만 한다. 삶의 100%가 다 소진되기 전까지는 아무리 스스로 포기하고 쓰러져도 우리들 가슴속 심장의 피는 여전히 붉고 뜨겁게 흐를 것이다.

셀프 코칭

- 내가 지금 품고 있는 신념은 무엇인가?
- 내 신념을 방해하는 것은 무엇인가?
- 나의 잠재적 가능성을 인식하고 있는가?
- 내가 평소에 흥미를 갖고 있으며 남보다 쉽게 할 수 있는 일은 무엇인가?
- 나의 강점에 기반을 둔 자기계발을 하고 있는가?

04

잡다한 스펙을 버리고 나만의 차별적 핵심역량을 개발하라!

직장인들에게 삶의 자유를 꿈꾸는가 물으면 절대 다수가 그렇다고 대답한다. 그러나 삶의 자유를 위해 무엇을 준비하고 있냐고 물으면 시간이 없고 환경이 뒷받침되지 못해서 못한다는 변명 아닌 변명을 하곤 한다.

과연 나를 도와주는 완벽한 환경이 준비될 수 있을까?

삶의 자유를 쟁취하여 가는 과정에서 유리한 환경은 기대할 것이 못 된다. 진정한 의미의 자유는 불리한 환경 속에서 얻은 과실과 같은 것이기 때문이다. 자주적 삶, 인생의 독립을 만들어가는 과정에 있어서 환경에 대한 기대를 내려놓는 것이 지혜로운 것이다. 세상이 나를 도와주리라 기대해서는 안 된다.

길은 쉽게 길을 내주지 않는다. 도로공사현장을 지나다 보면 때로는 황토로 이루어진 지층이 나와서 수월하게 길을 닦던 것이 어느 순간부터는 암반이 길을 막고 진행을 더디게 하는 것을 보게 된다.

세상의 어떤 방해, 어떤 시험에도 굴하지 않겠다는 굳은 다짐이 홀로 선 삶을 만들어준다. 그렇다고 자주적 삶이 그냥 생각만으로 이루어지는 것은 아니다. 자주적 삶을 이루기 위해서는 두 가지의 역량이 필요하다.

우선, 자주적 삶에 대한 투철한 신념으로 표현되는 내적 역량이 필요하다. 자주적 삶의 결단에서 빚어지는 성공과 실패의 다양한 상황에 대응하여 나가는 자신에 대한 믿음이 투철하지 못하다면 자주적 삶을 만들어가기는 어렵다.

그에 더하여 현실의 그라운드에서 실제적으로 자신의 삶을 만들어 나갈 도구로서의 외적 역량이 필요하다. 이는 차별적이고 전문적이며 사회적 공익성을 확보할 때 보다 큰 힘을 발휘하는 속성을 지니고 있다.

현대인의 자주적 삶에 대한 갈망은 지속적인 자기 신념과 실제적인 전문적 역량의 도구를 갖추는 작업을 통해서만 이룰 수 있다. 자주적 역량을 개발하는 것은 취미적, 흥미적 영역과는 다른 차원이다. 그것은 자신의 목표와 맥을 같이 하여야 하며, 사회적 공인이란 전문성과 연결되어야 한다. 단지 남들이 하니까 영어를 배우러 다니고, 남들이 하니까 운동을 하는 차원과는 다른 이야기다. 당신 인생의 목표와 맥을 같이 하지 않는다면 영어도 운동도 한낱 시간의 소비일 뿐이다.

잡다한 스펙의 함정에서 벗어나야 한다. 잡 스펙 100가지보다 1가지의 전문적이고 권위 있는 역량이 보다 효과적이고 효율적인 길이다. 세상에서의 참 성공은 경쟁에 있지 않다. 경계를 뛰어넘고 경쟁을 뛰어넘은 그 대지 위에 존재한다.

남보다 잘한다는 것이 지속적 성공을 보장하지 못하는 시대다. 경쟁적 우월은 단기적, 불안정적이고 복수와 증오의 정서적 비건강성을 초래하기도 한다. 보다 장기적, 안정적이고 평화로운 성공은 남과 다른 차별적 역량을 개발하고 확보하는 데 있다. 당장 잡다한 스펙에 대한 집착을 버리고, 보다 전략적인 자신만의 차별적 핵심역량을 정의하고 개발해야만 한다.

자신의 정체성에 기반을 둔 차별적 핵심역량의 정립과 개발에 집중하지 못한 채 시류에 편승하기 급급한 부화뇌동의 생존전략은 기업이든 개인이든 장기적 생존의 경쟁력을 상실하게 하는 가장 큰 요인이다.

기아자동차의 경우를 보더라도 1990년대 중반까지 '기아'하면 떠오르는 독특한 정체성이 있었다. 그것은 '튼튼하고 실용적이고 정직한 차'라는 이미지다. 그 당시가 기아가 가장 높은 성장을 구가하던 시대였다.

그러나 IMF와 복합적 경영상의 문제에 의한 부도를 겪으며 한동안 기아는 정체성을 찾지 못했다. 2000년대 들어 디자인 경영을 통한 기아만의 독특한 정체성을 추구하면서 기아는 K시리즈로 이어지는 괄목할만한 성과를 창출하고 있다. 그 성과의 바탕은 외적인 디자인 혁신에 국한된 것이 아니라 시장의 흐름만 따라가기 급급하던 만년 2인자의 패배주의를 과감히 벗어던지고 자신감이 넘치는 자주적이고 차별적인 정체성 확립이란 내적 디자인의 정립에서 비롯된 것이라는 데 의의가 있다.

모든 생명의 독특한 향기라고 표현할 수 있는 '정체성'을 확립, 개발하지 못하면서 세상의 흐름만 쫓는 그런 개인과 조직은 진정한 경쟁력을 확보할 수 없다.

매각과 재매각, 구조조정의 아픔을 겪은 쌍용자동차의 경우, 정체성의 혼미가 회사의 생존에 어떤 영향을 미치는지를 보여주는 대표적인 사례다.

쌍용하면 독특한 개성과 디자인을 가진 '코란도'란 자동차가 있었고 지프로 대표되는 경제적이고 젊은 자동차회사의 이미지가 있었다. 그러나 어느 순간 다른 자동차회사들과 비슷한 유형의 자동차를 만들기 시작하면서 독특한 정체성의 DNA는 모호해지고 경쟁력이 추락하며 경영상의 어려움에 처하게 되었던 것이다.

오늘을 사는 우리들은 당장의 배고픔을 면하기 위하여 자신의 정체성을 팔지 말아야 한다. 수십 년간 이어온 솥단지를 뒤엎고 시장바닥의 '모든 식사 가능' 같은 그렇고 그런 식당식의 장사에 뛰어들지 말아야 한다. 세상이 만나고 싶어하는 사람은 정체성을 확보한 역량 보유자다.

자신의 이상을 실현하고 싶다면 지금 이 자리에서 힘을 길러야 한다. 바로 지금 우리가 하는 일 속에서 자신의 역량과 가능성을 읽어야 한다. 그리고 정체성에 기반은 둔, 보다 차별적이고 전문적 역량을 키우기 위한 외롭고도 반복적인 노력을 쏟아야 한다.

신념만 투철한 몽상가로 인생을 마칠 것인지, 역량만 쌓은 곡예단의 곰으로 인생을 마칠 것인지, 아니면 너른 대지의 진정한 주인으로서의 자주적이고 독립적인 삶을 살 것인지는 나에게 달렸다. 나의 실천과 결단의 문제다.

오늘 이 시간에도 반복되는 술자리의 푸념은 내가 오늘도 아무것도 하지 않았으며 그나마 있던 야성의 근육이 줄어들고 있다는 증거일 뿐이다.

세상의 어떤 방해에도, 세상의 어떤 시험에도 굴하지 않는 자신의 이미지에 대한 기대만이 자주독립의 삶을 만드는 자의 필수항목이다. 담담히 암반과 흙을 받아들이고 큰 길을 상상하며, 그 성공을 신념화시키며 묵묵히 나아가야만 한다. 시류에 연연하지 말고, 자신만의 정체성을 정립하고 자신만의 차별적 핵심역량에 집중, 개발하고 확산시키며 우공(愚公)이 산을 옮기듯, 물방울이 바위를 가르듯 나아가야만 한다. 그런 우직한 신념! 수만 번의 반복을 결심한 의지와 실행은 천년을 이어갈 삶의 기적과 역사를 만든다.

셀프 코칭

- 내가 추구하는 삶과 일의 가치는 무엇인가?
- 나는 나의 가치에 기반을 둔 나만의 정체성을 주변의 유혹에 흔들리지 않고 지켜 갈 자신이 있는가?
- 주변 사람이 인식하는 나의 브랜드는 무엇인가?
- 그 브랜드는 차별적이고 명확한가?
- 내가 꿈꾸는 나만의 차별적이며 전문적인 자기 브랜드의 이미지는 무엇인가?
- 나의 강점에 바탕한 내가 개발해야만 할 나의 차별적인 역량은 무엇인가?
- 나의 역량은 체계적인 자신만의 로드맵에 따라 개발되어지고 있는가?

05

내 자리에서
영역이 자유로운 전문가가 되라!

오랜 시간에 걸쳐서 서서히 자신의 정체성을 상실하고, 정체성을 보호할 근육마저 파괴된 현대인들에게 있어서 보호막이 되어 주는 울타리를 벗어나 홀로 선다는 것은 공포에 가까운 일이다.

그러나 현대인들을 구속하고 있는 것은 직장이라는 환경이 제공하는 구속의 울타리가 아니라 자신의 내면에 쳐진 패러다임이라는 울타리다.

자유의 역량을 갖춘 자에게 안과 밖의 울타리란 것은

더 이상 의미가 없다. 밖에서 뛰놀 수 있는 자는 안에서도 뛰어놀 수 있는 것이 자연의 법칙이다.

많은 현대인들이 자유롭고 독립적인 삶을 꿈꾸지만 그 꿈이란 것이 조직의 울타리에서 벗어나는 것으로 착각하는 경우가 비일비재하다. 그러나 우리는 조직의 울타리 안에 있으면서도, 그 안에서 당당히, 자주적 삶을 사는 사람들을 쉽게 발견할 수 있다.

그들은 이미 경계로부터 자유로운 역량을 갖춘 자들이다. 그들을 고용한 사람들은 그들의 능력을 알고 있다. 그들은 언제든지 자유로운 결단을 할 수 있고, 그 역량을 현재의 조직뿐만 아니라 다른 조직 내에서도 사용할 수 있다는 사실을 알고 있다. 그렇기에 그들은 울타리 안에 있으면서도 그들이 받는 대우는 자유인으로서의 그것이다. 그런 사람들이 리더가 되고 CEO가 된다.

프로란 이와 같이 무경계의 경지에 서있는 사람들을 말한다. 반면에 아마추어는 현재의 경계를 벗어나면 생존이 위험에 처할 수밖에 없는 사람들을 말한다. 프로는 지속적인 영역의 확장이 가장 중요한 관심사항이나, 아마추어에게는 현재의 유지가 가장 중요하다.

경계를 넘어선 프로들에게 조직은 구속의 울타리가 아니라 자주적 삶을 풀어내게 도와주는 지지환경과 같다. 진정한 자유와 독립이란 안에 있던 밖에 있던 신념과 실행의 구체적 역량을 갖추고 있어서 항상 자유로우면서도 자주적인 삶을 이끌어갈 수 있는 것을 의미한다.

공간상의 존재형식이 자유와 독립을 설명하는 것이 아니라 존재의 실제적 양식이 자유와 독립을 설명하기 때문이다.

경계로부터 자유로운 상태가 진정한 자주적 독립이다. 당신이 조직으로부터의 탈출을 꿈꾸든 조직에서의 승진을 꿈꾸든, 보다 중요한 본질은 그런 형식을 뛰어넘는 무경계의 지존이 되는 것이다.

셀프 코칭

- 내가 꿈꾸는 독립적 삶은 무엇인가?
- 내가 품고 있는 독립의 욕구는 조직생활이 싫다는 것에서 시작한 갈등적 독립의 욕구인가?
- 내가 품고 있는 독립의 욕구는 진정으로 내가 하고 싶은 일, 내가 하고 싶은 삶을 살기 위한 가치적 독립의 욕구인가?
- 지금 이곳에서 전문가로 인정받을 수 있는 나의 역량은 무엇인가?
- 나의 전문성은 충분히 개발되어 있고 어느 곳에서나 필요로 하는 수준에 도달해 있는가?
- 나의 전문성은 스스로에게 안정감을 주는 수준에 도달하였는가?

06
지속적으로 세상을 통찰하고 준비하라!

    올바른 변화의 물결을 타는 자는 항상 세상의 숲을 통찰하고 준비하는 자이다. 삶을 자주적으로 사는 사람의 특징은 미리 예측하고 판단한다는 것이다.

  삶과 조직의 CEO는 꿈꾸는 사람이다. 그 꿈이란 것은 몽상을 이야기하는 것이 아니다. 그들의 꿈은 통찰적인 꿈이다. 전체상을 감지하고, 그에 맞는 부분을 새로 그리는 것이 삶의 CEO다. 때로는 논리적으로, 때로는 환경의 분위기를 직관으로 느끼는 그들은 꿈을 꾸고 대응을 한다.

그래서 그들은 삶을 주도적으로 살아간다. 자연이 스스로 변화해가듯, 앞을 내다보며 준비하는 삶의 습관은 자주적 삶의 기본이다.

삶의 춘하추동을 이해하는 사람은 오늘의 계절이 주는 의미를 이해하며 그 계절을 지혜롭게 보낼 수 있다. 오직 그 계절만을 바라보는 사람은 자신의 삶을 설계할 수 없고, 계절의 영속성을 이어갈 수 없다.

조직경영이든 자기경영이든 그 본질은 끝없이 변화하는 계절과 같은 상황 속에서 예측과 준비라는 깨어있는 활동의 연속성에 있다.

우리들이 존경하는 이순신 장군이 위대한 것은 승리를 했다는 결과론적인 측면이 아니다. 당시의 조선과 일본의 변화를 예측하고 미리 다양한 시나리오 상에서 준비를 하고 있었던 과정적 측면에 있다.

내 삶의 숲은 내가 깨어 있든 졸고 있든 천지불인(天地不仁)하게 냉정히 변화하고 있다. 통찰은 하루아침에 완성되지 않는다. 지속적인 연습, 반복과 시행착오 속에서 커지는 내 안의 위대한 힘이다. 그 힘을 믿고 오늘도 내 삶의 숲을 바라보는 연습을 해야만 한다.

오늘 우리는 어느 계절에 있고 내일의 우리는 어떤 계절에 서 있을 것인지, 지금 이 자리에서 내가 준비할 것은 무엇인지, 나는 지금 물리적 삶의 흐름에 내 맡긴 채 살고 있는 것인지, 의지적 삶의 흐름 속에 살고 있는지 자문해 볼 필요가 있다.

셀프 코칭

- 나는 신문이나 전문지를 주기적으로 보는가?
- 나는 1달에 2권 정도의 양서를 읽는가?
- 나는 가끔씩 나를 돌아보는 시간을 가지는가?
- 나는 문제가 발생하면 인과적으로 문제에 접근하는 편인가?
- 사람들의 행동 너머에 있는 환경, 욕구에 대하여 들여다보고 이해하는 편인가?
- 나의 주장은 감정에 기반을 둔 것이 아니라 통찰에 기반을 둔 논리성을 유지하는 편인가?
- 때때로 삶 전체의 흐름 속에서 나를 통찰하고 있는가?
- 작은 행동이 야기하는 큰 결과를 통찰하고 있는가?

07
내 안의 질서를 관리하라!

 모진 각오와 노력을 통하여 홀로 선 사람들이 그 홀로 섬을 지키지 못하고 무너지는 것을 우리는 종종 볼 수 있다. 가장 큰 이유는 자만에 빠져 자신을 냉정하게 통제하지 못하고 안일과 게으름에 빠지기 때문이다.

 힘을 쥔 사람들이 그 힘을 지키지 못하거나 더 큰 힘의 위치에 오르지 못하고 사라지는 것을 흔히 본다. 무질서를 스스로 통제할만한 본질적 힘의 그릇을 갖추지 못한 상태에서 힘을 얻었기 때문이다.

참된 자유에 기반한 삶이란 자신의 소중한 가치를 위하여 스스로의 삶을 결정하고 통제할 수 있는 힘과 기회를 가진 상태를 말한다.

자유란 완성의 이야기가 아니라 과정의 역사다. 현대인들은 조직에서 벗어나기만 하면 자유를 얻을 것으로 착각한다.

하나의 대담한 변화는 그것을 유지하기 위한 보다 큰 노력을 요구한다. 일시적 탈출이 아니라 지속적 자유를 유지하기 위해서는 내가 어느 울타리 안에 있던 부단히, 내 안에서 자라고 있는 무질서의 엔트로피 에너지를 통제하며 살아야 한다.

세상 모든 생명체는 질서에서 무질서로 이동하는 본성의 지배를 받는다. 그 무질서는 게으름, 안일, 오만, 자만의 얼굴을 한 채 우리들 주위를 항상 어른거린다.

어떤 생명, 어떤 조직도 결국은 해체되게 마련이다. 그럼에도 불구하고 우리들은 모든 생명의 자기해체 과정이 삶의 주체성을 인식한 생명의 의지와 노력에 의하여 연장되고, 보다 높은 경지의 가치를 창출하며 소진될 수 있다는 것에 희망을 건다.

삶의 질서를 관리하려면 익숙해지고 습관화된 기존의 자기질서를 새롭게 하거나, 보다 새로운 가치와 삶의 방식을 추구하는 새로운 질서를 창출하면 된다.

또한 그것은 울타리를 만드는 것이 아니라 부단히 길을 만드는 삶을 의미한다. 자주적 삶의 독립은 단박에 어떤 경지에 이르는 돈오돈수(頓悟頓首)가 아니라 어떤 경지에 도달하더라도 부단한 수련을 통하여 자신의 질서를 넓히고 다듬어가야 하는 돈오점수(頓悟漸修)와 같다. 독립의 형식을 이루었을지라도 지속적으로 자신을 변화하고 계발해나가지 않는다면 그 독립의 기반은 오래 갈 수 없다.

홀로 섬을 꿈꾸는 자여, 부단히 길을 상상하고 부단히 길을 만들며 오늘을 살라. 그리고 그 과정을 비전으로 삼고 그 과정을 즐겨라. 비약하려고 하지 마라. 조급해하지 마라. 모든 시작은 작은 가치의 부단한 반복에서 시작된다.

조급과 안일과 오만은 삶을 실패의 나락으로 빠지게 하는 무질서의 다른 이름이다.

내 삶의 제국을 꿈꾸며 오늘도 한 삽 한 삽, 한 발 한 발, 당신의 길을 만들어 나가라. 실크로드는 그렇게 시작되었다. 로마 제국도 그렇게 만들어졌다.

버릴 수 없는 모든 생명의 불편한 동반자, 게으름과 안일이라는 엔트로피를 통제할 수 있는 주인이 되어야 한다. 한 생명의 성공의 기간은 무질서의 엔트로피를 관리한 기간과 비례하기 때문이다.

자신의 삶을 관리하며 사는 사람은 무섭다. 자신의 힘을 숨기며 몸을 낮추는 사람은 더욱 무섭다. 성공을 절제로 인식하는 사람은 두렵기 조차하다. 그 사람이 결국은 이 세상을 다 가질 것이기 때문이다.

셀프 코칭

- 나만의 규칙적인 생활방식을 갖고 있는가?
- 지속적으로 운동을 하고 있는가?
- 나의 영성을 키우기 위한 정신적 활동을 하고 있는가?
- 항상 계획을 중시하며 계획에 따라 생활을 관리하고 있는가?
- 현재의 성공에 지나치게 자신만만하여 겸손과 절제를 놓치고 있지는 않는가?

08
정보와 관계의 인프라를
지속적으로 만들어라!

독립된 삶을 발전과 번영으로 이끄는 것은 정보와 관계의 인프라다. 홀로 섬은 혼자만의 세계 속에서 완성되거나 유지되지 않는다. 그것은 세상이란 그라운드에서 펼쳐지는 네트워킹 퍼포먼스다.

지속적으로 세상의 이야기에 마음을 열고 귀를 기울여야 한다. 세상은 많은 정보를 품고 있다. 그러나 돌아다니는 정제되지 않은 루머, 잡학에 너무 귀를 기울일 필요는 없다. 차라리 그 시간에 나의 전문성과 방향성에 관련된,

보다 정제되고 가공된, 논리적으로 규명된 정보와 지식에 집중하고 그것들을 나의 정보와 지식으로 소화하는 것이 중요하다.

아침 출근길 지하철에서 현대인들의 행동을 보면 그가 어떤 삶을 살고 있는지, 또 앞으로 살 것인지가 대략적으로 보인다.

DMB를 보는 사람, 스포츠 신문을 보는 사람, 정제된 정보보다 가십을 더 크게 다루는 무가지를 보는 사람, 핸드폰에만 정신이 팔린 사람, MP3 음악에 심취한 사람, 자는 사람 등 다양한 모습을 발견할 수 있다. 같은 시간 속이라도 개개의 사람들이 세상과 소통하는 방식은 다양하고 천차만별이다. 그만큼 그들의 삶이 천차만별로 펼쳐질 것이라는 것을 보여준다.

같은 시간이라면 정제된 양서나 경제지, 혹은 사회적으로 공인된 일간지를 읽는 사람이 보다 진취적인 삶을 살 가능성이 높을 것이다.

삶의 독립은 완성의 이야기가 아니라 과정의 이야기이다. 지속적으로 배우고 수용하고 내 것으로 만드는 노력의 장이다.

삶의 독립을 뒷받침해주는 것은 정보와 더불어 관계의 인프라다. 직장생활을 통틀어서도 우리는 수많은 사람을 만나고 명함을 주고받는다. 그 흔하고 반복적인 인연조차도 가볍게 대하지 않는 자만이 그 시간을 기회로 만들 수 있고 건강한 홀로 섬의 기초를 튼튼히 할 수 있다.

홀로 섬의 삶은 이러한 견고한 관계의 질과 양에 의해서 더욱 빛을 발휘할 수 있다. 돈이 없어도 뛰어난 관계의 인프라를 구축한 사람은 기회를 찾고 살아남을 수 있다. 그러나 아무리 돈이 많더라도 협소하고 천박한 관계의 인프라를 가진 사람은 그 기회를 발견하기 힘들고 기회조차도 발전시켜 나갈 수 없다. 흔히 백그라운드라고 우리는 이야기를 한다. 그 백그라운드는 지금 바로 이곳의 사람들로부터 시작된다. 홀로 섬을 꿈꾼다면 바로 이곳에서 가까운 이들과의 양질의 백그라운드 관계를 잘 유지하고 발전시킬 필요가 있다.

현대사회에서 관계의 인프라를 맺는 경로는 다양하다. 취미 모임, 정치적 이해집단 모임, 대학원, 스터디 그룹, 최고경영자과정, 전문가 모임, 이슈 모임 등 다양한 경로가 존재한다. 관계의 중요성을 깨달은 사람들의 결속을 통하여 홀로 섬의 인프라는 확장되는 것이다.

오늘 나의 주머니 속에 있는 명함 한 장이 나의 제국을 만드는 벽돌 하나임을 잊지 말아야 한다.

셀프 코칭

- 나는 다양한 정보를 얻기 위해 평소에 노력하고 있는가?
- 나는 보다 전문적인 정보로의 접근 루트를 지니고 있는가?
- 나의 정보는 나의 전략과 밀접한 관계를 가지고 있는가?
- 나의 전략과 무관한 비생산적 정보는 잘 차단하고 있는가?
- 내 주변 인맥관리를 잘하고 있는가?
- 나의 전략과 밀접한 다양한 차원의 인맥을 만들어 가고 있는가?
- 내 주변 사람들은 나에게 우호적인가?
- 그렇지 않다면 내가 개선해야 할 것은 무엇인가?

09
환경의 변화를 긍정하고 수용하라!

변화는 우주 속 모든 만물의 특성이다. 모든 것은 변화한다는 절대명제를 이해하고 변화에 적응하는 것이 중요하다. 하지만 그것만으로는 삶의 주도성과 자유를 만들어가는 데 한계가 있다.

적극적으로 변화를 긍정하고, 앞장서서 변화를 이끌어가는 태도가 삶의 주도성을 가진 리더의 필수적 조건이다. 불확실성의 시대에 단지 오늘의 변화에 적응만 해서는 내일의 성공과 행복으로 나가지 못한다.

내일은 아무도 모른다. 우리는 예측이 사라진 시대를 살고 있다. 내일의 예측과 내일에 대한 기대에 의존해서는 안 된다. 예측은 예측이고 기대는 기대일 뿐이다. 보다 중요한 것은 내일의 어떤 상황도 긍정하고 수용하며 잘 대응할 것이란 자신에 대한 기대다. 그런 자신에 대한 굳건한 믿음이 자신의 중심을 유지하게 만들고 세상을 향한 신뢰의 향기를 발산하도록 한다.

변화란 '오늘의 모든 것이 내일은 존재하지 않거나 무용한 가치가 될 수도 있다'는 사실의 다른 말이다.

오늘의 가치에 집착하려 하지 말고, 그것을 재료로 삼아 내일의 새로운 가치란 집을 짓는 자만이 변화하는 환경에서 도태되거나 얼어 죽지 않을 것이다.

오늘(present)은 '우리가 아직 만나지 못한 가장 이상적인 내일'이라는 선물(present)의 재료일 뿐이다.

만약 오늘의 정체된 삶에 서서 기쁨의 춤을 추고 있다면, 내일은 비탄의 소리를 지르게 될 것이다.

내일이면 사라질 조직의 허울과 직위에 취하여 거들먹거리지는 않는지, 내일이면 죽을 먹통돼지처럼 우리가 살고 있는 건 아닌지, 겸허함과 내적 긴장을 가지고 자신을 성찰하여 볼 일이다.

　이와 같이 한 개인이 사실적 역량과 더불어 급변하는 환경에 대한 긍정적 신념으로 무장할 때 조직의 자발적 추종을 이끌어내는 리더십의 향기가 생성되기 시작한다.

　리더십은 상황에 대한 바람직한 선택의 다른 이름이다. 절대적 유형의 리더십은 없다. 변화하는 상황을 그가 얼마나 긍정과 수용을 바탕으로 넓고 깊게, 또한 유기적으로 이해하고 해석하느냐에 따라 리더십의 질이 결정된다.

　리더십은 끝없는 변화환경 속에서 목적에 다가서기 위한 부단한 질서창출의 과정이다. 이런 양질의 리더십을 만드는 기반이 바로 자주적 삶, 야생의 삶이다. 야생의 삶은 자각한 자만이 살아갈 수 있다.

셀프 코칭

- 나의 기대는 세상을 향하고 있는가? 나를 향하고 있는가?
- 나는 내 앞에 펼쳐지는 어떤 상황도 긍정적으로 해석하고 수용하는 편인가?
- 환경은 통제하기 힘들지만 그 환경에 대한 나의 태도는 통제할 수 있다고 믿고 있는가?
- 기존의 자신의 삶의 방식에 안주하지 않고 부단히 삶의 질서를 새롭게 하거나 새로운 삶의 질서를 만들며 살고 있는가?

10

내 안에서 꿈꾸고
내 안에서 실현하라!

큰그림자는 모든 의지 있는 생명의 내면에 존재하는 참된 자신의 모습이다. 그것은 항상 갈망하고 때로 자신에게 힘을 주는 완전한 자유의 모습이며 막막하고 불확실한 삶과 조직의 여로에서 길을 안내하여 주는 북극성과 같은 내 안의 완전한 지혜이다.

그것은 너다움의 질주를 버리고 나다움을 회복한 자들의 모습이다.

체계적이고 지속적인 자신과의 투쟁을 통하여 한 인간

이 자기다움의 자주적 삶을 완성하였을 때, 큰그림자는 더 이상 밖에서 머물지 않고 우리의 내면으로 들어와 하나가 된다.

현대인들을 크게 나눠서 보면 큰그림자의 존재조차 모른 채 너다움의 울타리 안에서 살아가는 사람, 큰그림자와 거리를 두고 끊임없이 코치를 받으며 자기다움의 자주적 삶을 준비하며 걸어가는 사람, 그리고 큰그림자와 하나가 된 나다움의 자주적 삶을 사는 사람으로 분류할 수 있다. 지금 나의 큰그림자는 어디에 서 있는지 가끔은 물어볼 필요가 있다.

지금 당신은 무엇을 믿고 무엇을 준비하고 있는가?

큰그림자를 그림자로만 인지하며 살다가 갈 것인지 그림자의 주인이 나란 것을 깨닫고 그것을 내 안에 담고서 살아갈 것인지는 나에게 달린 문제이다.

현대인의 자유와 홀로 섬은 저 밖의 문제가 아니라 바로 지금 이 자리의 문제다. 멀리 있다고 생각한 것이 그곳에 이르고 보면 항상 여기에 있었다는 것을 느끼게 되는 것이 한 인간의 홀로 섬을 통하여 발견하는 진실이다.

당신 안에 흐르고 있는 시퍼런 야성의 DNA를 믿고, 그

것을 실현할 구체적 역량을 지금 여기서, 지금 이 순간부터 만들어 나가라.

참된 '나다운 삶'의 완성은 내면의 큰그림자가 들려주는 큰 울림에 귀를 기울이고 그 울림을 따라 걸어가는 삶 속에 있다. 그 길에 경계는 의미를 상실하고 그 길이 참다운 리더십을 만들어낸다. 그들의 가슴속에는 예전에도 그랬고 그 순간에도 붉고도 뜨거운 야생의 피가 흐르고 있을 뿐이다.

셀프 코칭

- 내가 꿈꾸는 성공은 무엇인가?
- 나의 가능성에 대한 신념은 투철한가?
- 힘들고 좌절에 봉착했을 때 나 자신에게 던지는 말은 무엇인가?
- 자신에 대한 믿음을 강화하는 나만의 관리 방식이 있는가?
- 가능성의 측면에서 현재의 나를 정의하면 나는 어떤 사람인가?
- 가능성의 측면에서 미래의 나를 정의하면 나는 어떤 사람인가?

나의 독립 생존력 진단 야생력 진단

1. 자신력

- 나의 잠재역량은 무한하다고 항상 믿는다. _____ 점
- 나는 어떤 환경이 펼쳐지더라도 잘 대응할 수 있다. _____ 점
- 나는 나의 미래에 대해 낙관적이다. _____ 점

2. 차별적 핵심역량

- 내가 잘하는 것, 혹은 진정 하고 싶은 것이 무엇인지 알고 있다. _____ 점
- 나의 역량 개발을 위해 지속적으로 학습하고 있다. _____ 점
- 나는 내 분야에서 차별성을 가지고 있다. _____ 점

3. 변화대응력

- 나는 오늘의 안정에 안주하지 않는다. _____ 점
- 나는 항상 변화를 예측하며 미래를 준비하고 있다. _____ 점
- 나는 주변의 변화에 관심을 기울이고 그런 변화를 긍정적으로 받아들이고 있다. _____ 점

(매우 그렇다 5점, 그렇다 4점, 보통이다 3점, 아니다 2점, 전혀 아니다 1점)

4. 관계력

- 나는 사람들과 두루두루 원만한 관계를 유지한다. _____ 점
- 나는 새로운 사람들과의 만남을 두려워하지 않고 쉽게 사귄다. _____ 점
- 나는 가치를 공유하는 네트워킹을 창조하고 관리하는 전략적 네트워킹을 잘하고 있다. _____ 점

5. 자기관리력

- 계획을 세우고 계획에 맞춰 생활한다. _____ 점
- 항상 부지런한 생활을 유지한다. _____ 점
- 몸과 마음을 꾸준히 수양하고 단련한다. _____ 점

나의 독립 생존력 진단 야생력 진단

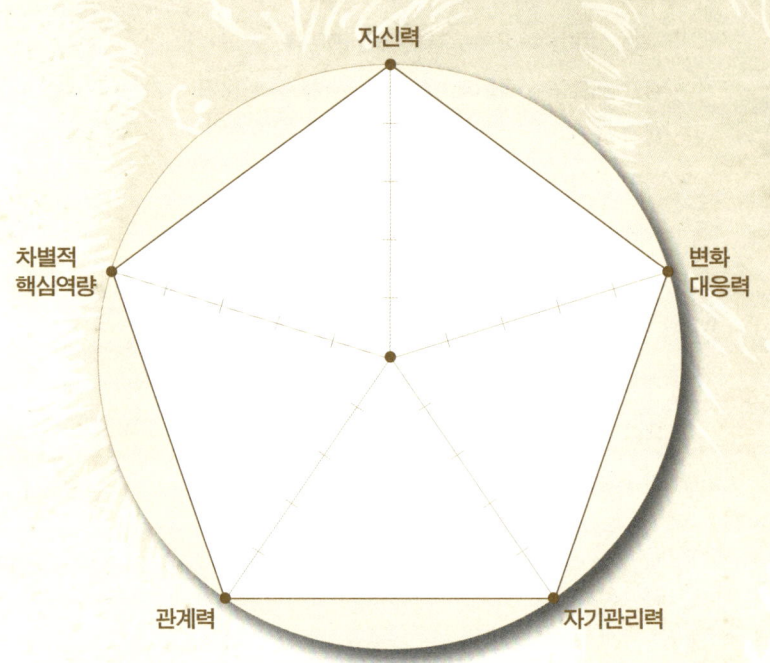

에필로그

참 나의 리더십(authentic leadership)을 갖춘
자주적 삶의 리더들은
야성이란 삶의 투지와 신념으로 무장한
야생력을 갖추고 있다.
관심의 영역이 넓다.
뚜렷한 자신만의 핵심역량을 가지고 있다.
뚜렷한 삶의 가치와 비전이 있다.
모든 행동과 일이 가치와 비전에 연관성을 맺고 있다.
변화를 수용하고 변화를 리드한다.
새로운 자신을 창출하고 환경의 질서를 관리한다.
일을 만들어서 한다.
심신을 단련한다.
지속적인 학습을 한다.
생활의 균형을 유지한다.
조직과 개인의 파이를 넓혀가는 데 관심이 많다.
자신을 객관적으로 바라본다.
손실을 감수하고 행동하는 결단력을 갖추고 있다.
자신감을 지니고 있다.
삶의 자율성을 중시한다.
자신의 가치가 이끄는 양심의 별빛에
자신의 성공을 가늠하고 평가한다.

마침의 글

 회사 생활 8년이 되던 해 내가 다니던 회사는 여러 원인과 변수로 인하여 대기업 부도라는 초유의 사태에 처하였다. 한국사회에서 대마불사(大馬不死)의 신화가 깨지던 순간이다. 1년 동안 심리적 상황은 거의 공황 수준이었다.
 나는 주말마다 고향을 찾았다. 과수원 안에 있는 고향의 집에서 내가 할 수 있는 것은 여기저기를 쏘다니며 마음을 가라앉히는 것이 전부였다. 그 고통 속에서 나는 하나의 결심을 했다. 사십이 되면 외부적 환경에 나의 삶을 의지하지 않고, 내가 삶을 결정하며 살겠다고.
 그렇게 결심을 하고 사십이 지나 나는 세상 밖으로 뛰어 나갔다. 아무런 보장도 없고 가진 것도 없는 시간, 그러나 나는 나답게 살고 싶었다. 회사를 안 나가도 되던 그날 아침도 나는 14년 동안 길들여진 관성에 의해 6시에 눈을 떴다. 그러나 출근을 하지 않아도 된다는 사실에

묘한 기분을 느끼며 그 시간에 뒷산에 올랐다.

산 중턱에 앉아서 출근을 하기 위해 달려가는 차량들을 바라보았다. 자유의 쾌감이 몰려왔다. 내가 나의 시간을 선택하며 살기 시작한 첫날의 기쁨이었다.

그러나 기쁨도 잠시, 모든 것은 현실로 다가오기 시작하였다. 갓 태어난 첫아들, 곧 태어날 둘째, 겉으로는 나를 위해 태연한 척했지만 속은 불안했을 아내. 나의 현재 상황과 미래를 생각하며 자문했다.

나는 누구인가?

과거의 나는 누구였던가?

나의 삶을 내가 어떻게 만들어야 할 것인가?

그때 떠오른 이미지가 집돼지와 산돼지였다. 과거의 나의 삶은 조직의 울타리 속에 안주하던 집돼지의 삶이었다. 그러나 지금의 나는 자유는 얻었지만 부단히 길을 만들며 나아가지 않으면 삶을 잃을 수 있는 산돼지와 같은 모습이다. 그것이 이 이야기의 시작이었다. 그때 나는 내가 앞으로 실행해야 할 전략을 우화로 스케치하기 시작했다. 그로부터 시간이 지나고 나의 정체성이 담긴 삶을 만들어가며 검증과 확신 속에서 이야기를 마무리 지었다.

직장을 잡기 위해 미래에 대한 불안 속에서 오늘을 분투하는 젊은이들, 안정된 삶과 자유로운 삶 사이에서 갈등하는 수많은 직장인들, 막상 직장을 박차고 나왔지만 어떻게 이 세상 속에서 살아가야 할지 막막하고 두려운 사람들에게 직장 안과 밖의 삶 속에서 어떤 전략을 추구하여야만 하고 무엇을 통하여 참다운 삶의 자유를 누릴 수 있을지를 우화를 통하여 들려주고 싶었다.

 울타리의 문제가 아니라 자신의 정체성의 취약, 자신의 역량의 한계가 자유로 가는 길에 가장 큰 장애물이라는 것을 이야기 하고 싶었다. 형식은 세상 모든 사람에게 들려주는 이야기이지만, 사실은 나를 향한 이야기고, 나의 아들들에게 남겨 주고 싶은 비밀스런 삶의 이야기다.

 직장 안에 있든 직장 밖에 있든 형식의 문제를 뛰어넘어 그 위치에서 자신의 정체성과 역량으로 이 대지를 달리는 그런 자아실현을 꿈꾸며 오늘을 열심히 살아가는 아름다운 영혼들에게 작으나마 하나의 그림과 전략, 힘이 되길 바랄 뿐이다.

2011년 6월 경안천 우거에서
김익철 배상

추천사

- 스티브 잡스는 스탠포드 대학 졸업 연설에서 'Stay hungry, Stay foolish'라고 이야기하면서 안일함에 대해 항시 경계해야 한다고 이야기했다. 그의 메시지는 이 책 『야생력』과 일맥상통한다. 울타리의 보호를 받으며 적당히 배부르게 살아가는 집돼지가 아니라, 살아 숨쉬는 푸른 야성을 갖추고 너른 숲의 주인이 되라는 메시지가 오늘과 타협하며 살아가는 모두에게 큰 깨달음을 제공한다.

    최귀현(기아자동차 이사)

- 『서경(書經)』에 군자는 소기무일(所其無逸) 해야 한다는 말이 있다. 무일(無逸)은 편안하지 않음, 즉 늘 새로운 도전과 그에 따른 실패를 딛고 발전하는 것을 말하는 것으로 이 책이야말로 그 뜻을 가장 잘 표현한 책이다.

    신민수(현대 다이모스 전무)

- 『야생력』은 전략적 삶보다는 전술적인 삶이 난무하는 시대에 자신의 길을 찾는 깨어 있는 영혼들에게 참다운 자신의 삶이란 것이 어떤 경로를 통하여 완성되는지를 쉽고 명쾌한 우화로서 제시하고 있다. 두고두고 음미할만한 좋은 책을 만난다는 것은 참으로 행운이 아닐 수 없다.

    장종태(SK텔레콤 상무)

> 추천사

- 인간 내면에 대한 깊고 참신한 성찰이 가득한 『야생력』을 읽고 큰 감동을 받았다. 집돼지들과 어울려 살아가는 '바우'라는 멧돼지의 우화는 문체가 수려하고 서정적이며, 스토리 전개에서 야성이 느껴진다. 독자들이 이 책을 읽고 '내 안의 큰그림자'와 '야생력'을 회복하게 되는 소중한 기회가 되리라 확신한다.

  백기복(국민대 경영학과 교수)

- 이 시대를 살아가는 우리는 참다운 자신만의 독립적 삶, 좀 더 자유로운 삶을 꿈꾼다. 나도 마찬가지이다. '야생력'은 그에 대한 명쾌한 방향과 해답을 재미있는 우화를 통하여 제시한다. 참다운 삶의 자유를 꿈꾸는 시대에 이런 글을 선물로 준 저자에게 감사한다.

  최영우(한국고용노동연수원 교수)

- 『야생력』은 바쁜 일상 속에서 자신의 삶을 찾으려는 현대인들에게 한 줄기 희망을 제공한다. 이 희망의 소리는 스스로 쳐놓은 울타리 안에 갇혀 답답함을 느끼는 직장인들에게는 더 더욱 크게 들리게 될 것이다.

  고정용(한국 카네기 연구소 소장)